ハイタッチから広がるコミュニケーションの世界!

自閉っ子サンちゃんのライフスキルトレーニング

たなかれもん〔著〕

医学博士
平岩幹男〔監修〕
（うさぎ先生）

合同出版

はじめに

はじめまして こんにちは たなか れもんです
この本を手に取っていただきありがとうございます！
ぬ
この子がわが家の長女サンちゃんです
あっち
くるり
特別支援学校の小学2年生です
ワッくんもしゃしんうつってーっ
「うつして」だね
これビデオだよ
長男のワッくん6歳 保育園の年長さんです
どうも～ おとうさんです
おとうたん しゃしんうつってー
今ビデオ撮ってるの
さて 本編をはじめる前に
主役
もう少しサンちゃんのお話をしたいと思います

サンちゃんとの道のりをざっくりと…
スヤァ…
誕生
立った!!
どーーん
11カ月
おいしい
しゃべった!!
バンザーイ
ピース
ちーす
1才
ぺこっ
サンちゃーん
はーい
もくもくと…
くるくる
1才半
サンちゃーん
ピース
…
しゃべらんくなってた
2才1カ月
はいっ ここで
自閉スペクトラム症と診断されました

2歳半で療育園に入園
安定のつま先立ち
卒園まで4年間通いました
リュックちっちゃなったな

こちらは
わたしのデビュー作
『つま先立ちのサンちゃん』
(扶桑社)
つま先立ちの サンちゃん
サンちゃんは5歳の 自閉症スペクトラムっ子。とっても個性的な女の子。
たなかれもん
サンちゃんの
おもしろさと
かわいらしさを
詰め込んだ
1冊!
サンちゃんが
どんな子なのか
わたしたち
家族の生活を
描くことで
彼女の魅力を
知ってもらえたら
いいなぁ
と思いながら
描いた漫画です
そしてこの本の
監修をして
くださったのが
「うさぎ1号」こと
医学博士の
平岩幹男先生でした
いや~
よく
描けてるよね
ありがとう
ございます;;
キンチョー
この
出会いが
きっかけで
わたしたち
親子は
実生活でも
先生から
アドバイスを
いただき
おうちでできる
「ライフスキル
トレーニング」
をはじめました
Life
Skills
Training
=LST

これから はじまるお話は 平岩先生と 出会ってからの サンちゃんと わたしたち家族の 日々をつづった 物語です
わたしが このお話を 描きたいと 思ったのには わけがありまして…
じつは サンちゃんが 自閉 スペクトラム症と 診断されたとき…
なんもせんで いいって 言われたけど… 大丈夫なんかな…
う〜ん…
何かしなきゃ とは思うん だけど 何をしたら いいのか… とりあえず 自閉症に関する 本を読んで みよう
ふむ ふむ
まずは 知ることだな
ばーちゃんと じーちゃんに 説明できる くらいには 知っとかんと…
自閉症スペクトラムとは
検索 検索
ネットで すぐに調べ られるのは ありがたいが… どの情報が 正しいのか 判断が 難しい…!
療育…って
いろいろ ありすぎる〜っ
検索で 日が暮れる…
知識は 増えてるはず なんだけど… 何やってみても やり方が 合っとるのか すらわからん…
笑ってるから いっか…
じゃ〜ん けーんぱっ
とにかく どうしたら いいのか わからず 悩みました
サンちゃんの 成長のために できることは ないのか
具体的に 何をしたら いいのか
それが 知りた かった…

だから
この本には
おうちで
できる
トレーニングを
なるべく
ていねいに
わかりやすく
ぐぐっと
モリモリ
詰め込みたい
と思いました
ぎゅっ ぎゅっ
ぐっ ぐっ
平岩先生の
アドバイスの
中には
え――っと
え――っと
どうしよかな!?
あのころ
わたしが
教えてほしいと
思っていたことが
たくさん
入っていたからです
トレーニングの
内容は
あくまでも
サンちゃんに
合わせたもの
なので
どこまで
みなさんの
お役に立てるか
わかりませんが
わが家の
体験談が
どこかで
困っている
ご家庭で
これから
どうすれば…
何をして
あげたら…
何かの
ヒントに
なれば…と
思っています
わたしも
いろいろ…
悩みは
尽きませんが…
試行錯誤
の日々…
何は
ともあれ

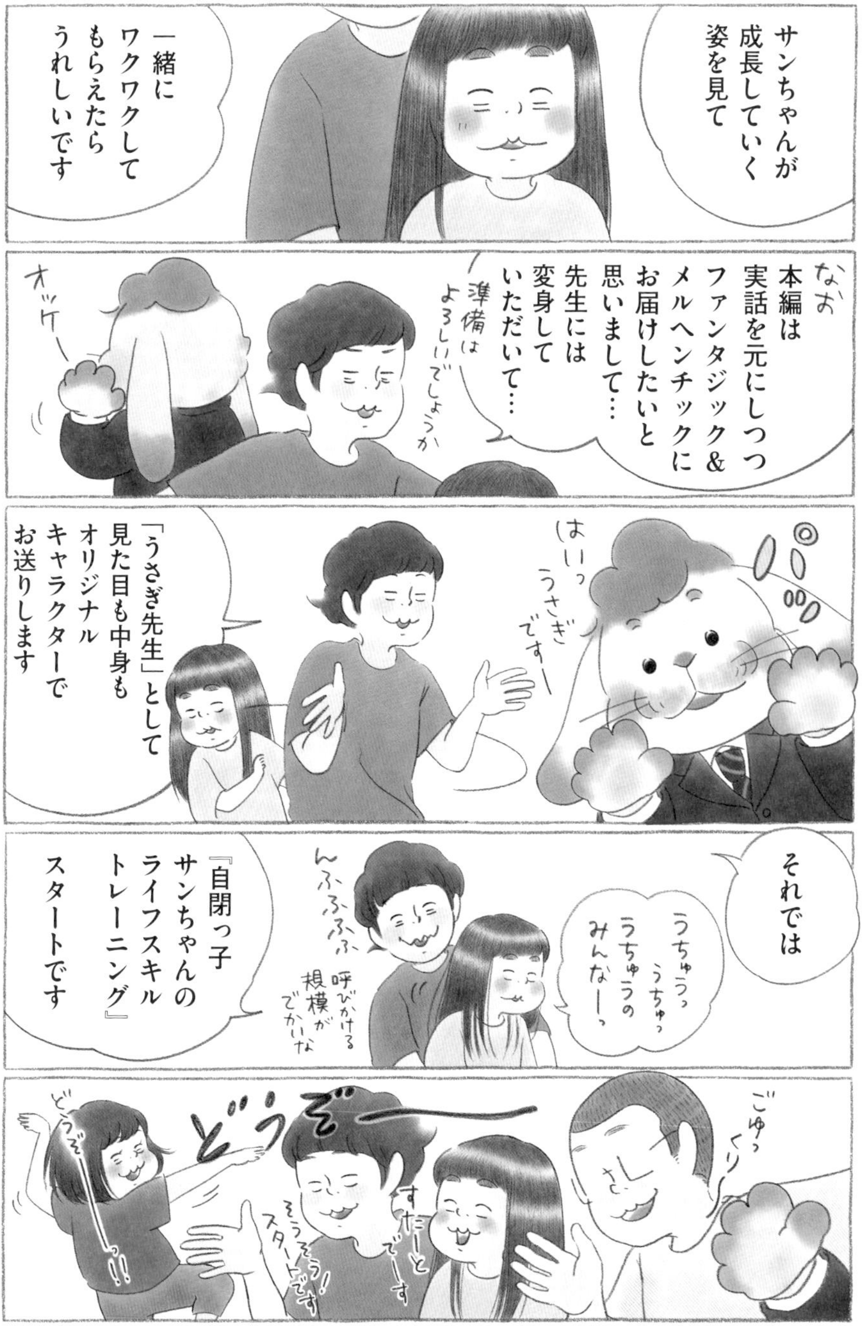
サンちゃんが成長していく姿を見て
一緒にワクワクしてもらえたらうれしいです
なお
本編は実話を元にしつつファンタジック&メルヘンチックにお届けしたいと思いまして…先生には変身していただいて…
準備はよろしいでしょうか
オッケー
はいっ うさぎです—
「うさぎ先生」として見た目も中身もオリジナルキャラクターでお送りします
それでは
うちゅうっ うちゅっ うちゅうのみんなーっ
呼びかける規模がでかいな
んふふふふ
『自閉っ子サンちゃんのライフスキルトレーニング』スタートです
ごゆっくり
すたーとでーす
そうそう!スタートです
どうぞーーー
どうぞーーーっ!!

自閉っ子サンちゃんのライフスキルトレーニング もくじ

登場人物

おかあさん（たなかれもん）

子ども以上に
子ども番組に
夢中になっちゃう
たなか家の司令塔。

おとうさん

漫画と映画と音楽を
こよなく愛する
たなか家の主。
メガネ必須。

サンちゃん

たなか家の長女。
歌とお絵かきと
子ども番組の
録画再生が大好きな
この漫画の主人公。

ワッくん

たなか家の長男。
お絵かきと歌と
コロッケが好き。
よく寝てよく食べ
よく動きよく喋る。

うさぎ先生

突然たなか家に現れた
自閉症にくわしい医学博士。
迷える親子に的確なアドバイスをくれる。

プロローグ

春
サンちゃんは特別支援学校小学部の1年生になりました
サンちゃん「ただいま」だよ
たらいまー
おっ そう! 言えたね
おかあた～ん ワッくんのきょうりゅうさんどこー?
え
また迷子ー?
てかあのこはお母さんのなんだぞっ
恐竜どこいった～?
恐竜さ～ん どこ～?
あ

あなたのことよね？
ふふ…
サンちゃん恐竜さんいたー？
ぴくっ
持ってきて〜
ありがとーっ
わっくんのーっ
理解できる言葉が増えて
来たな

ばなー
くださいよーーっ
おおっ
自分の言葉で
伝えられる
ことも…
上手に言えたねぇ～
ジュ～
でもさァ
ごはん食べてからにしよう
もう ごはん できるから
ほら おにく やいとるよ
ギァ～
ピェ～
キェ～
だななァ～
…とは
ならないのが
今のサンちゃん
何が欲しいのか
言ってくれるのは
ほんと助かる
それが
わからんと
なかなか話が
進まんもんで…

うめぼしーー
んあ バレた
食べる?
「うめぼし 食べたいです」って言って
うめぼしー たべたいえーす
このサンちゃんの成長には
はーい 上手に 言えました
種は取ったるでね
ある人… あるうさぎさんとの出会いが
大きく影響していたのです

1話　うさぎ先生がやってきた

ぬんっ
いや〜これは…
自由というか…
野生？
わっ
ワンさんっ!?
!?
ぴょんっ
ワン…？何それ
ぼくはうさぎ先生
サンちゃんがどんな子か気になってね
見に来たよ
うさ…え!?うさぎ!?
垂れみみ…
触ろうとせんのっ
え
うさぎ先生…
って何の先生??

んー 細かいことは いいけど
君たち サ…
うん それ ぼくの ヒゲね
おヒゲを 触らないのっ
もー やること お母さんと いっしょなんだからっ
で 君たちね サンちゃんに
ピンッ
主導権を とられすぎ だぁよ
主導権
…?
つまり 我々が サンちゃんの 言いなりに なってると…?
あ゛ あ～ あ゛～
だからあっ テレビはまだっ

も〜〜〜
しょうがないなぁ
あー…
なってますね
よしっ
ぼくが
やって
みよう!
うぐっ
え
何を…
サンちゃんは
テレビが
一番好きなの?
はい
くるっ
リモコン持って
録画を
パチパチと…
ふむ…
じゃあ
よく
見ててね
…?

LST
ハイタッチ

2話　サンちゃんVSうさぎ先生

テレビ見たい？
テレビ見たい人〜？
はーい
スッ
じゃあ「ま」って言ってみて
!?
キェ〜〜ッ
ノォ〜〜ッ
ちょ〜っと〜っ
んの〜〜っ
「ま」って言って
んまっ
はーい「ま」言えたね
どうぞ

サンちゃん CMも 見るの？
はい
番組の内容より CM見てますね
なんか あっさり リモコン ゲット しましたが…
？
うん だから今 ごほうび タイム
あ なるほど
終わったわけじゃ ないんですね
うん
さっきのじゃ 主導権を とれたとは 言えないからね
1分後
さ
第2ラウンド 行くよ

サンちゃ〜ん
ポチ
もう1回
遊ぼーう
キィエ〜〜
!!
もう1回
遊んだら
あ〜でぃ
は〜でぃてぃ
ア〜〜
ちょっと〜〜
キア〜
んなあ〜
テレビ
見よう
もう1回
テレビ
見たい人〜?
んあ〜〜っ
うう〜っ

はい こっちも タッチ
キェ〜
はい 両手〜っ
じゃあ トランポリン 跳んでみよう
ズコ
ギア〜ッ
カーーン
リモコンを かけた 闘いの 始まり
USAGI
SUN
VS
ホホホホホホホ
あああああああ

んなァ〜〜っ
キェ〜〜ッ
ぐぉ〜〜
さっきより
激しいな
サンちゃん…
とんで
みようっ
ほらっ
乗れたー
ぬァ〜
立って
ジャンプ!
立って
みよーう
秘技
タコにな〜る
するん
あら
うのろ
うのろ
うのろ
うのろのろ
サンちゃ〜ん
ジャンプして
テレビ
見ようっ

頑なに
跳ばんな
うん…
なんか
もう…
起き上がる
ことすら拒否
しはじめたな…
ジャンプしたら
テレビ
見られるよっ
ここから
サンちゃんは
ジャンプしたら
あ
リモコン
あげるよ
とにかく
立とうとせず
でろ〜ん
う
う
いいよ
グズり
ゴネ続けた
ゲシッ
ゲシッ
いいよ
大丈夫
先生
蹴られても
平気
あー

なんか
ちょっと…
かわいそう…
サンちゃん…
……
んー…
でもさ
さっき
おとうさんが
サンちゃんに
リモコン
あげたの…
かわいそうって
思ったから?
しつこく
ギャーギャー
言われて
うるさいなぁ
めんどくさい
なぁ…
って
思ったから
じゃない?
ギクリ
わたしは
いつも
そうだった
わ…
そうやって
わたしらが
あきらめて…
…ていうか
がまんして
こんかったで
今
こうなっとるん
じゃない?

LST
ごほうび

3話　絶対にできるからね

おっ
立てた！
スゴーイ！
ありがとうっ
んあ〜〜っ
ひぁ〜〜っ
タッチ！
な〜〜
両手
タッチ！
んァ〜〜
ジャンプ
してみようっ
あ〜〜っ
ぴょんこ
ぴょんこ
ぴょんこ

できた
できたっ
はいっ
がしっ
しそ
できた
できたーっ
パチ
パチ
長かったなぁー…
ね
わかった？
くるっ
こうやって
主導権を
とらなきゃ
彼女にとって
トランポリンを
跳ぶことは
難しいこと
じゃない
でしょう？
…はい
いつもぴょんぴょん
跳んでます

それなのに
ぐわっ
リモコンをもらうために15分も粘ったんだよ
彼女は自分の中で「トランポリンは跳ばない」って決めちゃってる
とばない!
それを突き通せば跳ばなくてもリモコンがもらえると確信してる
君たちの指示を聞くより「グズれば夢が叶う」と学習しちゃってるってこと
ザクッ
グサッ
うぐっ
グズるのはいいけどやっぱり「言われたことをやったらちゃんとごほうびがもらえる」ってシステムにしないとね

「自閉症」って いったん 診断されちゃうと
とくに サンちゃんみたいに
おいっしい
※いつのまにか おいしいしか 言わんくなってた
1歳半
いちどは出ていた言葉が 消えてしまったり すると
「強く言ったら ダメなんじゃ ないか」
「壊れちゃうん じゃないか」 とか
思うかも しれないけど
そんなこと ないよ
適切な 行動を 教えてあげて
ほめてあげる ことがだいじ
さ
そろそろ もういちど…
ササッ
サンちゃんっ
ジャンプ よくできたね

ターッチ！
1回トランポリン跳んでみて
ああ〜っ
じゃあテレビ消しちゃお
ポチ
ヒェ〜ッ
がばっ
ぎゃお〜っ
またテレビ見たい人っ
はーい
じゃあ立ってタッチ！

あ〜〜〜
サンちゃんっ
ほら できるよ! 立ってタッチ!
できたら テレビ!
お〜っ すごいっ 立てたーっ
リモコン あげる〜
ジャンプ&タッチ!
お〜
さっき 15分 かかった のに!
1分足らず で立ったっ
適切なことを したら ごほうびが もらえる

ダダをこねるより話を聞いた方が
お宝
簡単にお宝ゲットできるわ
このシステムがわかればお互い楽になるよ
さ次こそトランポリンに乗ってもらうぞ
絶対に
できるからね
さっサンちゃんっ最後にトランポリン跳ぼうっ
5分後…
ぬア〜〜っ
ぽよっ
おお〜っ
やった〜っ

主導権… 取り戻せる かなぁ…
うーん… サンちゃんには 主導権5年の キャリアが あるからねぇ
もうすぐ 6歳か…
キャリア?、
なんか すごい人みたい…
彼女の 強固な 主導権を 崩すのは なかなか 難しいかも しれないね
あぁ…
負の 積み重ね ってことか
成長を うながすための こういう 働きかけは 4歳までに 始めることが 望ましいんだ
はやく始めた方が 伸びやすいし
おっ
成長も わかりやすい
だから もうすぐ 6歳になる サンちゃんを
どれだけ 伸ばせるかは 正直 ぼくにも わからない

でも何歳だろうとこれからできることを増やすために何をすべきか考える
それがぼくらの仕事
ぼくがアドバイスするからサンちゃんの能力をちゃんと引き出してあげて
サンちゃんが生活しやすくなるようにやってみよう
わたしらにできるんだろうか…
わからんけど…
サンちゃんのためならやってみんと!
キリッ
やるのたぶん
ほとんどわたしなのでは…
生活時間的に…
モヤリ
大丈夫
そんなに難しいことじゃないよ
修行じゃないから
楽しくやっていこうっ
…
楽しく…

LST
要求返しでほめる

4話　主導権をとるチャンス

「主導権をとる」ってつまり…
ダダをこねられても負けないってことですかね…？
んーまぁそうなんだけど
ガミガミガミ
子どもの気持ちや意思を押さえつけることではないからね
本当に主導権をとるには
コミュニケーションが大切
サンちゃんハイタッチや「はーい」の手挙げはできてるし
アイコンタクトもとれるね

自分から
ひざの上に
座りに来たり
することも
増えました
母・父だけでなく
ばーちゃんとかにも…
ずっしり
おっきなったな〜っ
もっとだね！
成長スピードを上げるには
こちらから
もっともっと
かかわっていく
ことが大事
まず
やってほしいのは
「たくさんほめる」
こと！
1日30回…
50回ほめて
ほしいなっ
ずいっ
ごっ
50…!?
ほめるって…
どこを
そんなに…
お手伝いを
お願いすれば
いいんだよ
手伝い…
えー…
何か
できるかなぁ…
これ楽しめるんか
ほんとに…

難しく考えなくていいんだよ
サンちゃんっ
この積み木持って〜
積み木をこの中に入れて
コロン
ありがとーうっ
ハイターッチ
てね
うまくできなければすぐに手伝ってあげて
たとえば途中までできてたらできてるところをほめて…
ここよ
?
そうそう！
上手に持ってるわね
そのまま運びましょ
励ますのもいいね
もう少しよ！
できるできるっ
できたわーっ
すごーい！
できたらスグにほめてあげる

ほォー
すんごい小さいことでいいんだ…
メモ メモ
あの…
ハイタッチはサンちゃんも好きみたいでよくやるんですけど…
よい効果が…？
ハイタッチはコミュニケーションの基本だよ
目の高さを合わせて
パ
音を出すのがポイント！
手は子どもの目線より上で
タッチ！
たしか人間は少し上を見る時〝見るぞ〟って意思がないとできないんですよね？
よく知ってるじゃない
ぼくの本読んだの？
両手でタッチは
アイコンタクトが取りやすいよ
とにかくいっぱいほめて
この人の言うこと聞くとほめてもらえるし損はないわね
くらいに思ってもらえたらいいから

「ほめる」と同時にやってほしいのが
「要求返し」
サンちゃんからの要求を主導権をひっくり返すチャンスに変えよう
チェンジチャンス!
サン
父母
要求をチャンス…に?
???
そう何かほしいと要求してきたら
「ちょうだい」って言えたらあげるわよ
必ず逆に要求を出す
ちょうだい
まぁ〜スゴイわ〜っ
どうぞ!
サンちゃんは何かほしいときどうやって伝えてくるの?
ほとんどクレーンです

クレーン
「クレーン現象」
人の手を使って物を取るなどすること
うぃーん
その動きがクレーンに似ていることからそう呼ばれている
ちなみにクレーンをしはじめた3歳ごろのサンちゃんは
おかあさんの「て」ならとれる
!
というイメージだったのか
手しか見てない…
それお母さんの手だよー
わたしお母さん
ちょいとこの「て」をかしてくださいな
母の「手」を引っぱる感じだったが
最近は「手」を借りに来ると言うよりわたしを呼びに来る感じかな…
視野が広がったのかしら
クレーンは100%要求だからスルーしないでね
チャ〜ンスッ
要求
ほめるチャンス
お手伝いもお願いしてみよう!

要求返し…と
……
今まで
しつこく
要求
されると…
イライラして
怒ったり
してたけど
わかったよ
もーっ
静かに
して!!
わたしが
勝手に怒って
ただ
サンちゃんの希望を
叶えてただけ…
リモコン
ゲットー☆
びゅんっ
イライラ
する前に
じゃあ
この本
ここにしまって
交換条件を
出せば
よかったのか…
こんなふうに…
とうとう
上手〜っ
できたから
テレビ
見ていいよ

「要求返し」と「ほめる」の積み重ねで
おかあさんおとうさんの話を聞いてくれるようになるはずだよ
やったこととその結果の記録つけてね
毎週聞くから！
じゃあね！
あっ
ありがとうござい…
もういない…
夢じゃないよね…？

どゆこと？

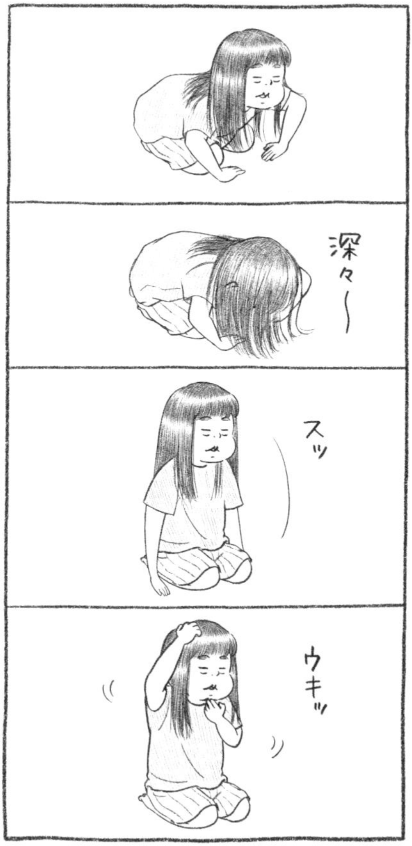

うさぎ先生のかいせつ①

ライフスキルトレーニング（ＬＳＴ）とは

ＬＳＴ（Life Skills Training）とは、現在から将来にわたって、子どもが生活するために必要なスキルを身に付けるために、日常生活の中で、あるいは園・学校や発達支援サービスにおいて行うトレーニングのことです。

そう言うとＳＳＴ（Social Skills Training：社会生活訓練）とどこが違うのかと言われそうですが、ＳＳＴはもともとカリフォルニア大学のロバート・リーバーマン教授たちによって、統合失調症を抱えた方たちの社会復帰プログラムの一つとして位置づけられていました。そのためＳＳＴは、コミュニケーションや生活習慣の訓練などに力点が置かれています。

ＬＳＴはＳＳＴに加えて、国語や算数などの学力（文字や数字の理解と使用など）や、歩く・走るなどの粗大運動、箸を使う・ひもを結ぶなどの微細運動まで、運動機能の向上も目指しています。これらは発達障害を抱えていてもいなくても大人になる過程で習得していきたいスキルです。また、大人になってこれらの面で困難さを抱えるようであれば、さまざまな種類のＬＳＴを活用することもできます。

「障害」とは心身に何らかの症状があるだけではなく、それによって、現在、そして将来の社会生活に困難を抱えるであろう状態も含まれます。わが国ではとかく知能指数（ＩＱ）などによって判定されがちですが、世界的には国際生活機能分類（国際障害分類改訂版：世界保健機構（ＷＨＯ）によって編集）などを参照して、できないこと、困難を抱えることを軸に対応を考えていきます。これは身体障害でも自閉症スペクトラム障害を含む

発達障害でも同じです。

自閉症スペクトラム障害を抱えている子どもで、意思表示や要求することがむずかしい場合は、たとえ泣いていても何を要求しているのかがわかりません。それには音声か文字かは別としてコミュニケーションの手段を獲得し、生活の中で使っていく必要があります。物には名前がある、人には区別があるなどを理解して、そのうえで相手に伝わるようにトレーニングをしていきます（指さし・絵カードなどを使うこともあります）。

子どもの要求を言語化して音声で伝えればよさそうですが、そう簡単ではありません。音声言語を理解できないため、逆に文字や絵を使うこともあります。適切に要求ができ、要求を通すことができれば生活はよりスムーズになりますが、要求をがまんさせて、それをほめるという方法もあります。

まずは生活の中で、コミュニケーションや必要なものを要求するトレーニングをはじめ、その後トイレットトレーニングや着替えのトレーニングなどで生活技術を身に付け、その延長として文字や数字の学習へとつなげていきます。

粗大運動の歩く、走る、跳ぶ、ぶらさがるなども、年齢によりますが、できなければ手順を考えて少しずつできることを目指します。それは微細運動においても同じです。

あせらず、あわてず、あきらめずにこれらを少しずつ習得していく、もちろん簡単ではありません。子どもは自分の主導権を渡したがらないですし、子どもに嫌なことをがまんして行ってもらうには、手順を考えて工夫する必要があります。

ＬＳＴの応用範囲は広いですが、まずは少しずつできることを増やす。それが子どもと子どもを取り巻く人たちの達成感にもつながります。家庭でできることも決して少なくはありません。

5話　「ほめる」の素をさがせ

くいっ
くいっ
はーい
着替えできたねっ
パンッ
イエイ！
次は
パジャマ持って…
洗濯機の
ところに
行って…
パジャマは
このカゴ…
えっとー…
「洗濯カゴ」に
入れてね
ふぁさっ
そうそう
ありがとう

パチッ
あっ
ふいっ
また
お風呂の
電気つけてく～
あ
ちょい
まち～っ
がしっ
サンちゃん
おいで～
お風呂の
電気
消して
パチン
ありがとーっ
お風呂入る時だけ
つけてね
こういうのも
いちいち
呼んで
やってもらえば
いいんだな

あら クーラーのリモコン… サンちゃん それ ちょうだい
ピッ ピッ
ありがとー
たはははは
ポロッ
カツッ
サンちゃん マイク拾って~
…
ここ入れといて
ひょいっ
ありがとう
「ありがとう」って けっこう 言う機会 作れるもん だな…
めちゃくちゃ ささいな ことで

いやしかし…
自転車乗るのは今日も嫌がるんだろうな—…
ハァ〜
さすさす
胃が痛ぇ…
連日の登園拒否
あ———。
うまくいくかわからんけど
うさぎ先生のマネしてやってみよう
…8 9 10
はい
ペダル回しおしまーいっ
立って〜
自転車乗るよ〜
あ゛ー
サンちゃん
できるよっ
タッチ!

おぉ
いいねっ
パ〇〇〇
じゃあ
こっちも
パ〇〇〇
はいっ
じゃあ
立ってタッチ！
まさか
そんな
うまいこと…
え〜〜〜〜〜〜っ
パ〇〇〇
やったァっっ
立てたねぇ
自転車乗ろかっ
すくっ
オッケー！
すごーい!っ
のれたね
ーーっ
ニコニコだー。

ハイタッチパワー恐るべし!!
ていうか…
朝だけで
しゅっぱーっ
しんこーっ
軽く10回以上ほめたんじゃないか…!?
その夜
えーすごい
でしょう
びっくり
ほめ50回には届かんけどね
うさぎ先生とのやりとりを思い出して怒っちゃうかなとも思ったけど
このひとめげない…
ゼェ
ゼェ
嫌がらんと楽しそうに応じてくれたよ

あと「ほめる」っていうのがほんとに簡単にできることなんだってわかった
特別なことせんでもよくて
サンちゃんくつそろえてくれてありがとうね～
サンちゃんがいつも当たり前にやっとることに「ありがとう」って言ったり
わたしがやっちゃってた作業をサンちゃんにお願いしたり…
くつ下はここの中に…
迷子になるでネットに入れといて
そうそう
ドア閉めといて
パタン
ありがと～
細かく見てけば意外と「ほめる」の素《もと》っていっぱいあったわ
なる～っおれも探そ「ほめる」の素《もと》ね
うむ
ほめの素《もと》

6話　やり直しはNG

ペカーッ
リモコン
ほしい人〜っ
はーい
「リモコン
ください」
って言って
ちょうだい
よー
うん
そうだよね
く
だ
さいっ
「ちょうだい」を
「ください」って
言ってほしい
んだ〜
その方が
大人になっても
使えると思ってさ
く
だ
さいっ
「く」
「ください」
?
ちょだいーよー
KU
DA
SA

うん
「ください」
「く…」
くれんのか
ふいっ
やりすぎちゃったか
待って待ってっ
サンちゃん
リモコンあるよ〜
ほしい人〜
はーい
「ください」
くあはい
うぉ〜っ
すごいすごい！
どうぞ〜っ
気がそれても「はーい」で戻せるんだな

ちょだいー
ちょだいよー
「にんじんください」
「ください」
ちょあいー
ちょあいー
くあさい
上手に言えましたーーーーっ
にんじんゲットー
バリボリ
今日はいちごがあるよ
食べたい人～
はーい
くださ…
くだはいよーーっ
スゴイ！はやり！
どうぞ
食べ物最強だな

「お茶
ください」
「おちゃ」
お〜△○×□
ん？
もう1回
「おちゃ」だよ
ヴヴヴヴヴ
びくっ
何!?
リモコン!?
バイブ!?
なんだ？
このボタン
ポチッ
ぴょこーーんっ
言い直しは
禁止ーーーっ!!!
どうわあっっ
うさぎ先生っっ

あたまの「お」だけでも出ていたらオッケー
すぐに「おちゃって言えたね」「すごいね！」
言い直してうまく言えたとしても
「失敗してやり直しさせられた」ってことを学習するよ
それが続いたらどう…？
言ったのに
やり直しさせられる…もうやりたくない
あぁ…やらなくなりますね…
そういうこと
じゃ！
どうか気をつけます
―って
えっ
ズズ…
もういない…

ほめチャレンジ4日目…
3日間でいろいろ収穫あったなぁ…
三日坊主にはならずに済みそうだ…
？
リモコン？
「リモコンください」
りおこん くあはいよ～
うおっ!? スゴイ!
リモコンくださいって言えたねーッ
10個くらいあげたいわ～～～っ
5歳になって「ちょうだい」を自発的に言う回数は増えたけど
そこからなかなか広がらんなぁ～って思っとったのに…
ハア～ッ スゴイ
4日目で2語文出た…

ほめチャレンジ1週目報告
昨日は「テレビつけて」も言えたし「ください」は出るのが早くなりました
登園しませ〜ん 家出ませ〜ん
朝家を出たくないっていう時もあるけど ハイタッチで誘ったら出られるし…
わたしが感情的になることが減って
それが一番いい変化かもしれない…
サンちゃんがわたしの言葉を聞いてくれてるなぁって感じます
うん 1週目としてはまずまずだよ
君たちが思ってる以上に 彼女は理解してると思うから
引き続きとにかく文章で声かけして できなければ手伝ってほめる！
はいッ
ピシッ

LST
「要求語」
その②

7話　「おかあさ〜ん」

サンちゃん
ピーマン入ってたお皿持ってきて
……
ササッ
言葉で伝わらないときは
すぐに手伝ってね
このお皿おかあさんに持ってきて
はいっ
持ってきて〜っ
ありがとーっ

ある日の夕食
コトンッ
サンちゃんおかわり?
どれ食べたい?からあげ?ウインナー?
からあげでーす
おぉっ上手に言えたねぇ
スゴイスゴイスプーン持ってね
おかあさんが「どうぞ」って言ったら
サンちゃんは「ありがとう」って言うんだよ
黙々
もぐもぐ
これが難しいんだよな〜
もらった「あと」に言う言葉
んー
そだね

そだねじゃないがね
せっかく2人おるんだで
サンちゃんの隣でうながしてよ
ああそうか
顔コワ…
からあげ?ウインナー?
ういなーでーす
はーい
どうぞっ
もらったら「ありがとう」って言うんだよ
…
「ありがとう」「あ」
もぐもぐ
黙々
4回目
はいっ今っ
ありがとうっ
あ・り・が・と・う
なんでずっと耳うちスタイル?
……ありや…ありやとー
うほっどういたしましてーっ!!

ある日の午後
ザクッ
よいしょーっ
サンちゃんっ
がばっ
何かしてほしいときは
トントン
ねぇねぇって
「ねぇねぇおかあさん」って言うんだよ「おかあさん」って
くいっ

おかあさ〜ん
！
なあに〜サンちゃ〜んっ
おかあさんだよ〜〜っ
にこ〜〜っ
おやつはまだだよ
さっきお昼ごはん食べたばっかだぞ☆
んなアッ
ぶんっ
おっと
DVDでも見ようか
お絵かきする？

おかあさんっ
おたあさんっっ
おぉー
そうそう!
おかあさんって
言えたねぇ
とういうことよ〜
スゴーイ
わかったよ
じゃあ…
DVD
選んだら
お菓子1個
あげよう
選んだら
お菓子
1コね
はい
パックン
チョン☆
これ食べたら
おかあさんと
いっしょに
DVD見よう
サンちゃんが
自分から
「おかあさん」
って言ったの
はじめてだったな
めっちゃ
怒ってたけど

8話　指さしできるかな？

言葉も できることも 増えてるね
「〇〇したい人〜」「はーい」は もっと使っていいよ
オウム返しは 気にしなくていいから
「言葉で 指示して お手伝い」を 積極的にやろう
1日30回ね
さ…
はい
「ほめる」と 同じ感じだな
「見立て」の 練習もしようか
お人形に ごはんを 食べさせるとか
ごっこ遊び ですな
最近やってなかったな こういうの…
2択で 指をさす 練習も！
「どっちが ピーマン？」 とかね
ほんと できること いっぱい あるんだな
「指示の理解」と 「言葉や行動を 表に出すこと」の 促進だね！

とーまとっ
うんっ とまとだねー
指さし見せとこ
もう行くよーっ
あれっ ワッくんは？
もー
サンちゃーん ワッくん連れてきて〜
なんて言ってみる…
お？
つ…
連れてきたー!!!
スゴッ
サンちゃんありがとうっ
パシャ
パシャ
かわいすぎるっっ

サンちゃんっ
ブタさんがにんじん食べたいなぁって
シャカシャカ
ちらり
ねぇサンちゃんっ
おなかすいたよォ
に…
にんじん…を…
くださいい…
おなかすいたよォ〜〜
ワッくんがやるーっっ
わっ
えっほんと?にんじんくれるの?
にんじんどうぞ〜っ
キャッキャッキャッ
おいしいっ
おいしすぎるーーっ
ありがとうっ
ぱーくぱくぱく
ぱくぱくぱく
はいっサンちゃんも
おいしーーっっ
ありがとーーうっ
ぱーくぱく
ぱくぱくぱく

サンちゃん ふりかけ どれがいい?
たまご
やさい
しそ
たまご?
やさい?
しそ?
指さして〜
やさい でーす
ん やさいね
ワッくん たまごーーっ
ワッくん 指さし上手〜
サンちゃんも こうやって
「やさい」
「これがいい」っていうときに 指さすんだよ
2日後
なす? にんじん? どっちにする?
なすでーす
うぉーー!?
スゴイッ 上手に 指させたねっ
びっくりした。
突然の指さし!

サンちゃ～ん さっき テレビの前に 持ってった お皿
持ってきて くれる？ なす 入ってたやつ
見えんとこ 指さしたで わからん かなぁ…
見に 行くか
ん？
たたたたた…
わおっ ありがとう！ よくわかった ねぇっ
ふりかけ どれにするー？
ワッくん たまごーっ
ワッくん いっつも たまごだな
サンちゃんは？
ビシッ
ふりかけ でーす
しそ
おおおっ 指さし上手！ しそだね

ごちそうさまでした
サンちゃ〜ん お皿全部 持ってきて〜
って「全部」が わからんか…
？
これ ぜ〜んぶ
ぜ ん ぶ
持ってきて
はーい ありがとうねー
上手に持ってきたねーー
「ぜ〜んぶ」で 伝わったぁ〜
サンちゃん 3週間で すごい進歩だねぇ
はいっ 指さしも 自分から！

2択も できたね
はい でも 両方選んじゃう ことも…
どっちも ほしいっていう…
それは 似たものを 並べるから だよね
オレンジに する?
ぶどうに する?
おれんじ でーす
ぶどう でーす
「選ぶこと」を 練習したいなら まずはじめは 興味のある物と
大好き ワンさん
くつ下
明らかに 興味のない物を 用意して
事実上 1択にすること!
たしかに サンちゃんも くつ下は 選ばんだろうな…
そのとき 「食べ物」とか 抽象的な表現は なるべく 使わない方が いいね
伝わりづらいから
わかりやすく 物の名前を 言ってあげて
じゃっ!
はいっ
あっ
ありがとう ございました
今日は ギリギリ 手が見えた…

9話　母も成長したいよー

サンちゃん さっき プリン 買ったよ
おうちで プリン 食べる人〜
はーい
よしっ じゃあ帰ろ 立つよ〜 いち にの
さんっ
おお〜っ
サンちゃん えらーい。 帰って プリン食べよー
おいしいね〜
うま うま
あぁもう あっという間に 食べ終わるわ

ある朝
サンちゃん これ
ねぐせついとるよ
洗濯カゴに入れてきてくれる？
途中で放り出したりして
意外と定着しないカゴ入れ…
カゴまで距離があるからなぁ…
ほいっ
おぉ〜っ サンちゃんすごーい！
初成功!!
ひとりでできたやん！
ステキー
ありがとー
お風呂の電気は消そうね
バレたか

夕食後
今日のデザートだよ〜ん
でざーとー
おぉ
そうそうデザートごはんの後に食べるやつね
これはな…
ぶどうでーす
せいかーい!早かったねー
皮ごと食べられるや〜っ
あ
お皿ありがとー
コップとスプーンも
全部持ってきて
スゴイスゴイサンちゃんよくわかっとるねぇ
ありがとう

休日
サンちゃん 座ってから飲むよ〜
おっ えらいね〜
ほんとだー
サンちゃん ステキー
服選ぶとか パジャマを 洗濯カゴに 入れてくるとか…
食器も 片づけて くれるし
どうぞ
1カ月で 毎日の 決まった流れは 定着してきて 言葉で伝える だけでもできること 増えとるよ
「○○って言って」っていうのも スッと出る ことが多い
テレビ つけて
テレビ つけてよー
「くださいよー」「つけてよー」の「よー」は
「ちょうだいよー」からずっとだね
あれやっぱ わたしの口癖 かなぁ…
あれするよー これするよーって…

帰宅時
サンちゃん
園の荷物
いっしょに
片づけよう
シャツと
ズボンは
カゴに
オッケー
じゃあ
リュック持って
ここに
掛けてね
おっ
表向きにして
輪っかを
つまんで
完ペキ!
できた〜
ありがとう
これから
毎日やろう

「おかあさん ぶどう ください」
おかぁさん ぶどーぅ くださいよー
そ～～う！ 上手に 言えた～
2～3回 くり返せば 3語も 言ってくれる
ぶどう言えたの メモしよ
あれ…今週… ほめチャレンジの 記録が…全然ない
もう週末 なのに…
？？？
えーと… なんかあったかな…
NO IMAGE
全然 思い出せん…
今朝は… なんか 怒っとった 覚えはある…
なんで だったっけ…
あ～～っ もう出発 するって 言ってんのに!!
ごろり

立てるよっ
早よっ
ムスッ
すくっ
めっちゃ素直に聞いてくれるやんか…
…
さ、いくか
ありがとう …怒ってごめん
これも! これも! もってく!
1つだけ!
あれはたしかワックんのイヤイヤにイライラした八つ当たりだ…
サンちゃんはたしかに成長してんのになァ
わたしは…
イライラしちゃってさァー!…
ぞぞぞ…
あかあた〜〜んっ
サンたんがあ〜〜っ
はっ
こっち持ってこんの!!
ちょっとー!っ
布団ぐちゃぐちゃっ

ーって また 怒ってしまった
待って
NO IMAG
サンちゃん お布団は お布団の部屋に 置いとくの
全部 戻してきて ください
せっ
せっ
ワッくんも やるーっ
そうそう まくらも…
丁寧だね
はい ありがとう
ほめ チャレンジは わたしの 「イライラ」を 「ほめる」に 変換する 練習でも あるのだ

ほめチャレンジ
5週目報告
荷物の片づけは週の終わりごろにはササッとやってくれました
今日もやるのね
あとは先週までのくり返しくらいしか…
全体的にはけっこううまくいってるし指示もよく通りはじめてると思うよ
帰宅後の片づけは習慣になるといいね
表を作って片づけができたらシールを貼る
おかたづけできた！
5つ貯まったらごほうびがもらえるって約束をして達成感を得られるようにすると効果的
トイレトレーニングの方法でよく見る表ですね
ポイントカードみたい
そうそう
ごほうびは何でもいいよ
サニちゃんのポイントが貯まったらお母さんもごほうびもらおかな…
2人で得たポイントだし…
んふふいいんじゃない

待ってる

10話　「ください」から広がる世界

帰りの会
しますよ～
座ろ～
お?
かわいい
キーホルダー
だね
そらくんの
名前が
ついてるんだ
ね～
ん?
くるっ
えっ
くるっ
スゴイじゃん
サンちゃんっっ
これでよし
文字の上下
わかってんだ

ほほ〜う
向きというか形というかひらがなの上下は全部わかってるみたいです
試しにひらがなカードを回転させて並べたら
い ち ご
正しい向きに直してくれました
じゃあひらがなカードで
「さん」が選べるかな？
サンちゃんっサンちゃんの「さ」どれかな？
「さ」だよ
…
文字がわかったらなんかおもしろくなりそう〜

目で追ってないなぁ…
う〜ん…
文字に興味を持ってないね…
形は確かに覚えてるけど
今の段階で文字を覚えさせようとするのは…
時間がもったいないな
やめよう
ありゃー
そうなんですか…
ちょっと残念…
今は文字は入れなくていいよ
文章で言葉を入れていこう
その方が早い
もっと要求の言葉から文章を広げていって
本人の意思表示を引っぱり出していこう
くださ

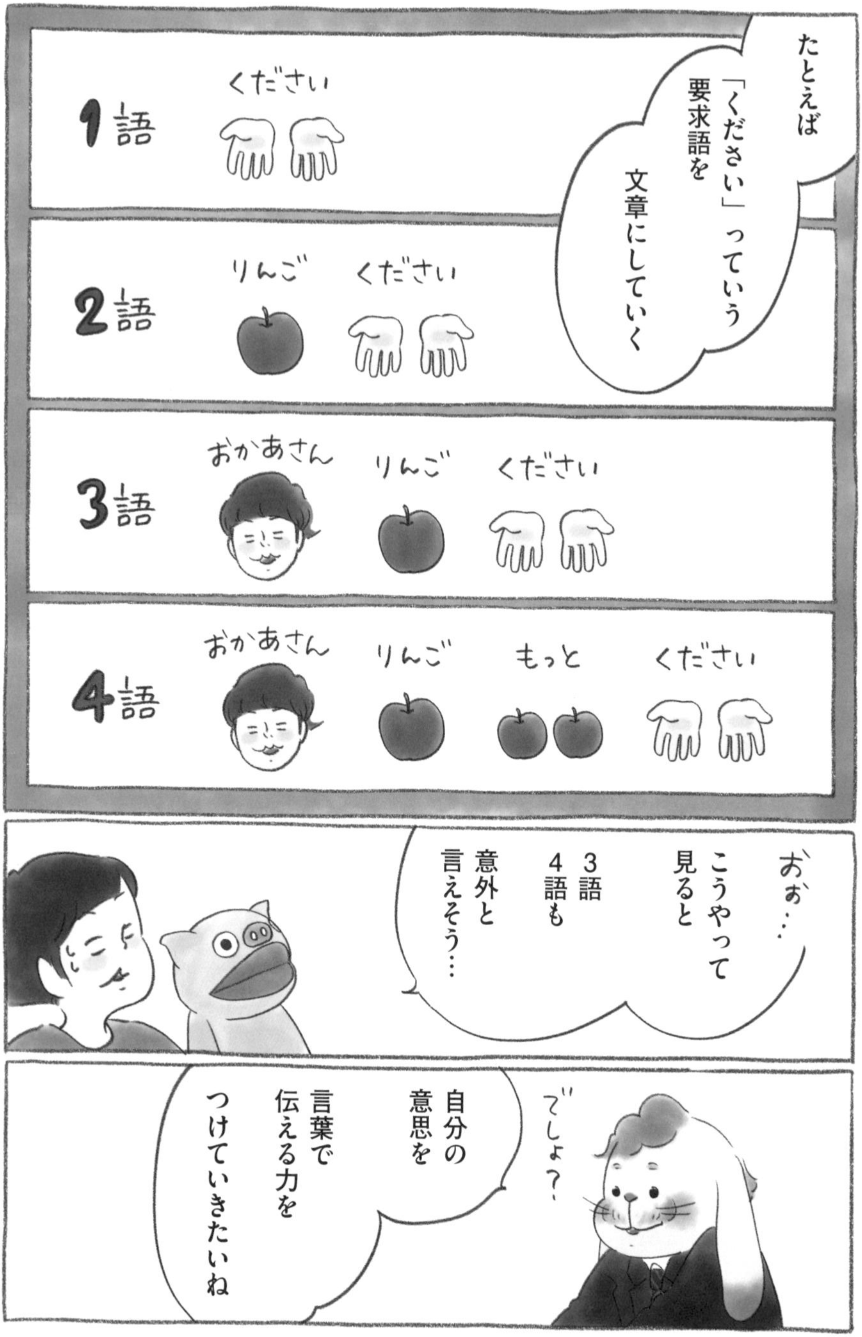

たとえば
「ください」っていう
要求語を
文章にしていく
1語
ください
2語
りんご
ください
3語
おかあさん
りんご
ください
4語
おかあさん
りんご
もっと
ください
おぉ…
こうやって
見ると
3語
4語も
意外と
言えそう…
でしょ？
自分の
意思を
言葉で
伝える力を
つけていきたいね

あれっ
おとうさん また手の届くとこに 置いてったな～
チャンス!
はっ
お茶 飲みたい人～
はーい
「おちゃ ください」
おちゃ ください よーー
「おかあさん ください」
おかーさ ください よーー
じゃあ 「おかあさん おちゃください」って 言える人～
はーい

「おかあさん
おちゃ
ください」
おかー…
おちゃ
くださいよーー
おお〜〜っ
言えた〜〜っ
スゴーーッ!!
へへっ
へへっ
びっくり
いいね〜
こうやって
要求するとき
達成したときに
アイコンタクトが
増えると
どんどん
人に興味を
持つようになるから
もっと
サンちゃんの
世界が広がって
いくよ
もっと積極的に
こちらから関わっていこう!
はいっ

11話　いっしょに絵本を読みたいな

たとえば図鑑を使って
あ！タコだ！タコにターッチ！
いっしょにやってみよう！タコにターッチ！
これを交互にタッチするゲームにしたり…
絵を見ながら音で言葉を入れていく方が言葉の習得につながると思うよ
ただあんまりしつこくすると
嫌になっちゃうからね
次はー
もうやりたくない…
楽しかったー
上手にできたね
またやろうっ
1回につき5個くらいにしとくのがいいかも
おー
これ楽しくできそう
でも…

いつもすぐに本を閉じられちゃうんです
パタン
そしたらまた 何気なく開いて…
あらっ⁉
かわいいうさぎさんだなぁ～っ 触ってみようかなぁっ
――ってね
興味のない学習課題に向かわせるんだから こっちもめげずに続けなきゃ
来てくれるまで待つこと！
そっか… そうですね…！
がんばって待とう
待つの苦手…
1番のポイントは
とにかく笑顔で気を引くことだよ☆

休日
サンちゃん
これなすだよ～
サンちゃん
なす好き
だよね～
ポリ
ポリ
がんばー
これ見てー
でっかい
かぼちゃ!
ふいっ
あれ…
おとうさんは?
あきらめた?
何の写真
見てんの～?
遊園地
行ったときのか
これ
ワンさんで
こっちは
ゴトーンだね
電車も
乗ったねー
じー

わんさんっ
ごとーんっ
おぉっ
そうそう！
サンちゃんと
ワッくんも
いるね～
わんさんっ
ワイ
ワイ
たのしかったねー
こういう
パターンも
アリなのね…
ぬぅ～～～っ
あ
でへへっ
ごとーん
おとうさんが
トイレ行っとる
間にぃ～～
いいな～
図鑑タッチ
がんばろ…
……
あいうえお表なら
いつも
見とるから
タッチして
くれるかもなぁ…

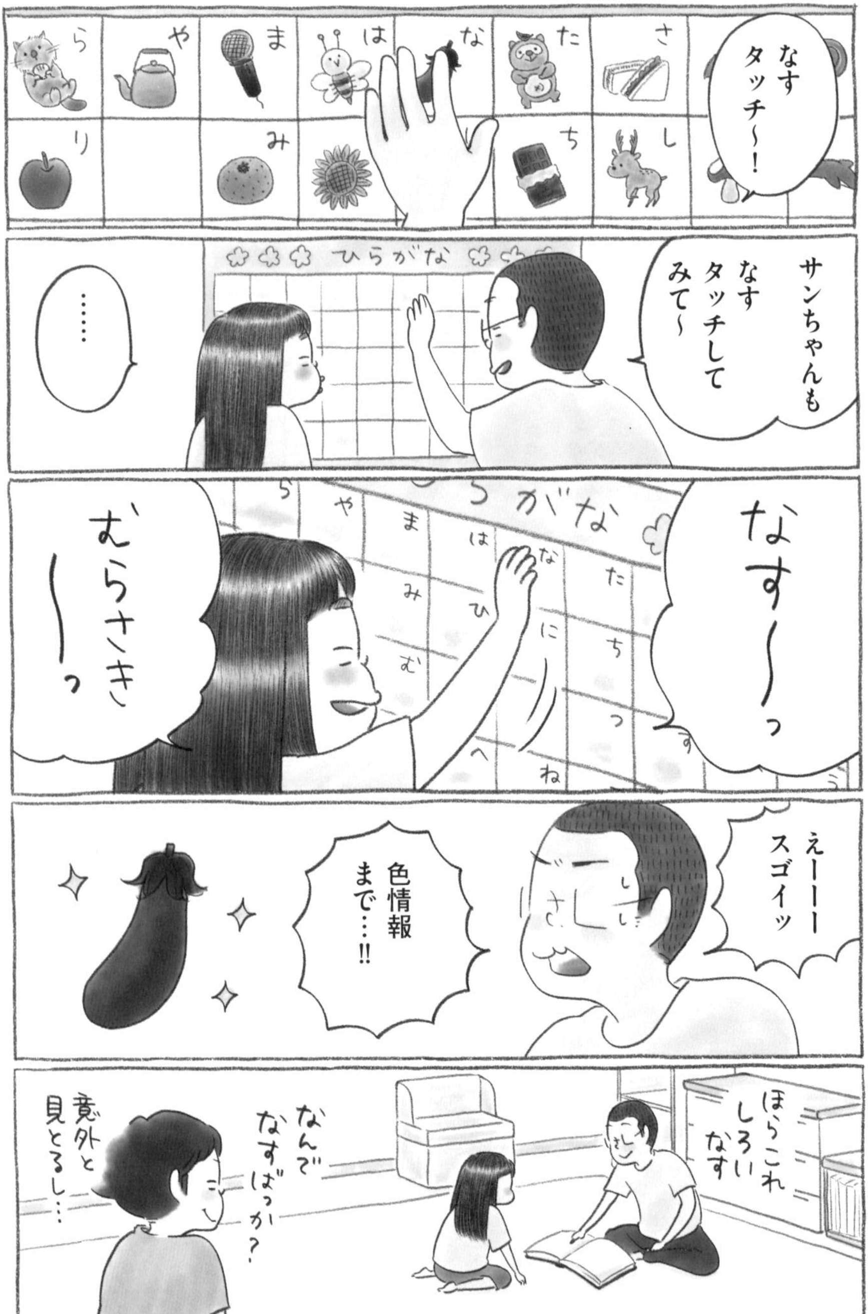

なすタッチ〜！
サンちゃんもなすタッチしてみて〜
……
なす〜〜っ
むらさき〜〜っ
えーーースゴイッ
色情報まで…!!
ほらこれしろいなす
なんでなすばっかか？
意外と見とるし…

12話　クラッカーははじけた

コンッ
おかわり?
「おかあさん おにく ください」言える人〜
はーい
「おかあさん おにく ください」
おかーーさ おにー くだはいよー
おっほ〜 すーごい ね〜っ 1回で 言えたっ
食欲も スゴイねぇ ほんと
たまぉー くださいよ〜
おぉっ!? たまご くださいって 言えたね〜っ 自発!!
あげる あげるーーっ

ほめチャレンジ開始から2カ月…
自分から言葉で要求を…
すごいな〜
サンちゃんの成長を実感し
これから学校も決めなかんし
あれもこれも
それもどれも
がんばろ
そう思っていた矢先…
がんばろ
がんば
が
ガ
ガ…
わたしは体調を崩しました
えっ
おかあさん!? どうしちゃったの!?
ざっくり言うと
疲れちゃったのよ
あれ、あなたはブタ子さん!
…ていうかなんでぼくらがしゃべって…
ポップな解説役よ☆

当時のたなか家は…
サンちゃん
進路の検討
小学校の支援級?
特別支援学校?
学校見学やら面談やら
ワッくん
イヤイヤ期
&トイレトレーニング中
お母さん
おもっ おもしろっ
はじめてのコミックス発売!
お父さん
転職先で奮闘中
残業&残業
その他もろもろなんか盛り沢山で
家族みんなのターニングポイントやらビッグイベントやらがひしめいていたの
へ～ 子どもたちに関することってほぼおかあさんの担当だよね… あっちもこっちも
送迎したり 付き添ったり
そうね おとうさんも忙しくなっちゃって過去最高におかあさん大変だったたっぽいわ
そんな中でほめチャレンジもやってたのかァ
そうなのよ
何が問題だったかっていうと

この人
自分のキャパが
わかってないのよ
もこっ
頭の中が
パンパンに
なってるのに
気づかないの
ついでに
せっかち！
やらなきゃ
今
わたしが
もこ
もこ
やらなきゃ
すべて
わたしが
今
追いつめるねー
自分を…
本人は
無意識
なのよ
その上
めし
食う気
せんな…
…
まぁ
いいか
元々
食べることに
興味が薄いから
忙しいと
ごはん
食べなくなるの
またやせた？
大丈夫？
ちゃんと
食べてる？
食べてますよ
大丈夫っす
会う人
みんな
同じこと
言うから
嫌んなってた
わね…
そりゃ
みんな
心配して
言うよね

そんなだったからある日ついに
…
もこっ
もこもこ
もこもこ
パアンッ
クラッカーのようにハジケたのよ
!!
ぷしゅ～
というわけでおかあさんは一時停止…
ほめチャレンジも中断することになったの
そうなのかぁ…
急展開…
それで…どうやって回復していったの?
「自分がやらなきゃ」と思ってたことを
全部やめてみたのよ
そのころ「人前で話すこと」や「人と話すこと」を考えるだけでストレスになってたからそういう状況をなるべく避けて
うっ
眠れん…
……保育園のクラス懇談…休もう…

いろいろ考えないように
漫画を読んだり
誰かの似顔絵を描いたり
結果 絵が上達したみたいよ
日中何か不安な気持ちでいっぱいになったときはとにかく自分の中から不安を押し出すためにおとうさんにメールしてたわ…
読んでくれんでもいいの
トントントントン
送るだけでちょっとスッキリする…
救いだったのは仕事のこと子どもたちのこと園のこと何でも話せるお友だちがいたことね
療育園で出会ったおともだち
はなちゃんとママ
ペラペラペラペラ
ペラペラペラペラ
だれ…?
彼女とだけはのんびりした気持ちで話せたの
いつもおかあさんの心の支えになってくれたわ
ありがとう
そんな感じで約1年… 少しずつ心の平穏と
うまっ
ぶた丼うまっ
食欲を取り戻していったの
よ…
よかった… けど…ぶた…

その間
サンちゃんには
言葉を
引き出したり
ほめたり…
「ノルマ」と
思わないように
マイペースに
声をかけてたん
だけど
ずっと
モヤモヤ
してたのよ
モヤモヤ？
おでかけ
するよー
テレビ
おしまーい
くるっ
はい
いこー
くつ
履けたね
サンちゃん
電気消して〜
パチンッ
ありがと〜
お〜

くいっ
ん どした? なぁに?
おーちゃ
お茶ね
すごいっ
おにいり くださいよー
サンちゃんの成長を感じるたびに
あのままチャレンジを続けていたら
きっともっと成長してたんだろうなって…
そっかァ…
だから

もう一度チャレンジしたいって
思ったんだよね
わっ
見てたんすかっ
また来ていただきありがとうございますっ
うむ
元気そうでなにより
またサンちゃんのためにできることさがしていこうっ
疲れたらちょっと休むってことも忘れずにさ
はいっ
さて
早速サンちゃんの様子を見に来たけど…
このご時世出られないからサンちゃん呼んでくれる?
ラジャ!
ソーシャルディスタンス!

サンちゃ〜ん
こうして
ばいんっ ばいんっ ばいんっ
たははは ははは
おいでー！っ
わたしたちは1年ぶりに
サンちゃん こんにちはっ
こーんちぁ
うさぎ先生との トレーニングを再開
あいさつ できたねー もうすぐ 7歳だっけ 最近の様子 教えてくれる？
はい！っ
新たな 生活が
スタート したのです

ロボの壁

ワッくんの
ロボットモノマネ
どうぞ〜
ピコッ
うぃー
かしゃっ
うぃー
うぃー
かしゃっ
うぃー
かしゃっ
うぃー
かしゃっ

13話　サンちゃんは進化中

ぶどうくださいよ〜っ
オッケ〜 ぶどうあるよ〜 お皿ありがとう
とくに最近台所をのぞいては
ちょこれーとーくださいよーー
ちょこれーとくださいよー
チョコレートを要求しますがもらえなくてもがまんできます
りもこんくださいよーーっ
はーい
リモコンの発音がハッキリしてきたね
ここはうちゅうにあるここはうちゅう…ここは…うちゅうにあるちいさなほし…ちょーみーたちがすむ…しるくぼしです
えっ
ステージショーのナレーションっ そんな長文言えんの!?

サンちゃん パジャマ 放りっぱなし だよー
持ってって よ~
…
言葉で伝える だけでも
てててて
よっ
せっ
せっ
ありがとうねー
サンちゃーん ジュース 飲んだコップ おとうさんとこ 持ってって~
指示を理解して
実行できるように なってきました
ありがとーっ

4月に入学した特別支援学校は
座りますよー
入学式はできたものの
新型コロナウイルスの影響により
お知らせメール
翌日から休校
デイサービスを利用しながら
暇だでホットケーキでも…
まぜまぜする？
まぜまぜー
するーっ
2カ月を過ごし
6月
重量オーバー
になったので
子乗せ自転車を卒業！
お父さんと車で登校します
ついにー
いよいよ学校生活がスタートしました

おとうさんとの登校も
学校っていう場所も
先生も
すんなり受け入れてくれて
毎日嫌がることなく登校していて
とにかく新生活はエンジョイしてるなぁと
思ってたんですが…
ただ楽しんでるわけではないのかも…と
なんで？
それが…
ある休日
サンちゃんおとうさんとお散歩行こっ
くつはいてっ
サンちゃ〜ん行こうよ〜っ
あら

毎朝
おとうさんと
登校してるから
おとうさんと
＝
学校に行く
と思った
みたいで…
休日まで
学校
行きたくない！
って感じで
逃げてたんで
学校
がんばって
行っとるんだなぁ
って…
うん
うん
でも
そのあと…
今日は
お休みの日
だから
学校
行かないよ
おとうさんと
お散歩
おかあさんは
洗濯物
干さなかんで
行かんけど
どうする？
行く？
おっ

いこ
いこ〜
さんぽならいくわ
おぉ…
いってらっしゃ〜い
って！
わたしの話がちゃんと伝わっててびっくりしました
ほほ〜ぅ
理解が進んでるじゃん
いいね〜ごきげんだね
じゃ改めて
ライフスキルトレーニングはじめようか

LST
問題行動をやめさせる

14話　クルッと変換！

さて
まず身辺自立はどう？
着替えやトイレは順調？
はい着替えは1人で脱ぎ着できてます
長袖も
こう…片方のひじを抜いて脱ぐスタイルで
そうじゃあ裏返しになった服を表に返せる？
？
ん—
できたっけなぁ…？
1回脱いだけど寒くなってもういちど着るってこともあるでしょう？
長袖のシャツで練習しておくといいよ
1人でできるといいよね
ほほー…う
やってみます！
トイレは新生活で失敗が増えるとかそういうこともあるからさどうかなと思って
きいてみた
あー
今のところ学校でも失敗はないです

学校でトイレに行きたくなったとき
教室を飛び出してトイレに走って行くのではと心配してたんですが
先生を呼んで
ぐいっ
サンちゃんなぁに？
なぁにー
トイレ？
といえー
ドアに貼ってあるトイレマークでトイレに行きたいと伝えてるそうです
いいねぇ
はいー
ホッとしてます
けっこう落ち着いてる様子だけど
何か強いこだわりが出たりとかはない？

んー
とくには…
あ
そういえば…
今ではないんですが
どうすればよかったのかなぁと思ってたことが1つ…
歯が抜けそうだった時期に
ガブリン
痛っ
人に噛みつくことがあったんです
とにかく「ダメだよ」って言うことしかできず…
か〜ゆ〜
原因は歯がかゆいとかだったと思うんですけど…
こう…感情が高ぶったときに噛みつきそうになることが多かったんです
あ〜〜〜っ
ガオーッ
STOP!
まぁ歯が抜けるときは痛がゆいものだからね
気になるのは仕方がないけど

攻撃的・
衝動的に
噛みつく
ばあいには…
ピクッ
噛んじゃいけません
まず「噛むこと」を叱っても
一時的には止まるけど
ふん ふんっ
根本的には止まらないよね
問題行動をやめさせるには
噛みません
阻止!
クールダウン
よくがまんできたね
えらかったね～
「がまんさせる」
「がまんできたことをほめる」
という方法があるんだけど
今のサンちゃんには
衝動をおさえきれな――!!
「がまん」の部分を教えるのが難しいと思うから

ガオーー
がしっ
噛む前に止めたら 噛もうとした相手と距離を取ってから…
くるりっ
!?
ぴょーーんっ
はいっ サンちゃん20回ジャンプしよーうっ
とかね
え!? ジャンプ!?
…ってサンちゃん喜びそうですけど
噛もうとするとなんか嫌な目にあう〜〜
ガビーーン
って感じじゃなくていいんですか…?

あっ
また
止められた
気づけば
ジャンプ
している
噛もうとすると
いつもジャンプ
させられる…
噛ませて
もらえない
なぁ…
ってわかれば
いいのよ
やろうと
したことを
達成できずに
「中断させられる」
ってこと自体に
嫌だなぁ…って
感じると思うよ
ほぉー
そのあとは
くり返そうと
しないうちに
また別の
行動に
移すのがいいよ
切り換え
はいっ

危ないことは止めなきゃいけないけど
問題行動にいちいち反応すると
注目されて喜んじゃうってことがあるから
ああ…それよく見ます…
だからそこ乗っちゃダメ！
ワッくん
じゃーーんぷっ
基本的に問題行動は無視して別の行動をうながす
それができたらほめる
っていう方法がいいよ
あららまたのぼってる
リスミちゃーん ブタさん持ってきてー
はいっ
ありがとー
こっちでいっしょに遊びましょ
ふむー
「ほめる」への変換大事！

さかなの住むところ

うさぎ先生のかいせつ②

問題行動への対処法

自閉症スペクトラム障害を抱えている子どもたちに限らず、子どもたちはいわゆる「問題行動」を起こします。ダダをこねる、要求が通らないと泣き止まない、寝転がる、暴れる、そのほかにもパニックになって固まる、奇声を出す、自傷行為（頭をくり返したたく、自分の手を噛むなど自分の体を傷つける行動）や他害行為（たたく、ける、噛む、ひっかくなどの他人の体を傷つける行動）、さらには唾はきや故意のおもらしなど、いろいろあります。何にでも「イヤ」と言われるのは保護者にとっては気に障ることもありますね。

家庭を含む社会生活を円滑にこなしていこうとするときに、その支障になるのがこれら問題行動です。では命令したり、押さえつけたりすれば何とかなるのでしょうか。多くの場合にはそれではうまくいきません。問題行動をひとまとめにして対処することは難しいのです。問題行動という表現が適切かどうかについても疑問はあるのですが、ここでは問題行動として話を進めていきます。

問題行動は、子どもがだれかに指示されて起こしているのでしょうか？　答えはＮＯです。だれかに指示されているわけではなく、「子どもたちの意思あるいは止まらない衝動」から起きています。子どもたちの意思で起きているとすれば行動の主導権は子どもたちにあります。つまり、衝動的に起きているとすれば、それが起きる環境が原因になっていたということになります。

そこでＡＢＣ分析です。Ａは前提条件（antecedent）、Ｂは行動（behavior）、Ｃは結果（consequence）です。

子どものBだけに着目するのではなく、どういう状況で、「なぜそれが起きているのか」というAを考えましょう。

「叱ってしまう、放置する」などのCになりがちですが、保護者にとっても気持ちの良い結果ではありません。

たとえば「リモコンを強奪する」というBは、「テレビが見たい」というAがあり、見せたくない保護者であれば「叱る」というCになります。Bをなくすためには「リモコンを隠す、無理やり奪い返す」という対応がありますが、あまりうれしい結果は想像できませんね。テレビではなく「おやつにしよう」と子どものより好きな行動に誘導する方法もありますが、これをくり返せばリモコンを狙えばおやつが食べられることを学習してしまいます。

Bの問題行動は無視するとか、別の行動に切りかえるという方法はあるのですが、かならずしもうまくいきません。ですから、Bを変えて結果としてのCを「叱る・注意する」からどうやって「ほめる・切りかえる」にすることができるかを考えることが目標になります。

テレビを見たいというAは変わらないとしても、少しの時間でも「がまん」できたらBは変わり、Cも「ほめる」に変わります。あるいは、テレビを見る前にお手伝いをさせたとしたらBが変わりますから、ごほうびに「よかったね」とテレビを見せればCが変わります。

基本はこんな感じです。これまで自分の主導権の中で行動し続けてきた子どもから主導権を取り返すのは、決して簡単ではありません。でもそこを何とかしないとBもCも変わりません。理解できる指示を出して、それができたらほめる。不適切行動が「がまん」できたらほめる。これらをあきらめないでくり返していきます。

とにかくBに腹を立てて感情的な対応をしてしまっては、BもCも変わらないと思ってください。中には自傷や他害などが激しくて、行動面の対応では何ともならず、医療機関での投薬が必要な場合もありますが、それは多くはありません。まずはBとCを変えて子どもの笑顔が引き出せればうれしいですね。

15話　今日のごはんはなんだった？

サンちゃんの言葉についてだけど
はい
要求語が出てきてるから
もっとふくらませて
文章にしていきたいね
理解してる言葉も増えてるし
「おかあさん　ジュース　ください」
サンちゃんに
もっと
はいっ
3語以上を意識してリスタートします…！
シャキリッ
それにプラスしてもう1つ
身に付けてほしいことがある
？

サンちゃんは
「質問に答える力」が育ってないよね
だから答える練習をしよう
あーー…この1年要求を引き出すことばっかりしてたもんな…
メモ
メモ
質問…えーと…物を指さして「これなぁに?」くらいしか思い浮かばないんですが…
?
サンちゃんは食べることが好きだから
食事のあとに何を食べたか聞いてみるといいよ
2択で聞いてみて
今食べたのはうどんだった?
?
さかなだった?
難しそうだったら1択からはじめよう
今うどん食べた人〜?
はーい

ただし1択のときは
フェイクなど入れずに本当に食べた物で聞くこと！
冗談はやる気をなくさせるよ
あーー…
子どものころ大人にからかわれるのすごく不快だったもんなぁ…。
他にはおとうさんとおかあさんのどちらかが
どうぞ
サンちゃんにお菓子を渡して
今お菓子を渡したのはおかあさん？おとうさん？
どっち？
とかね
自分のことを答えられるようになったら

ワッくんに
お菓子を
渡すところを
見せて
今
ワッくんに
お菓子を
渡したのは
どっち？
おかあさん？
おとうさん？
2択問題を
作ればいいん
ですね
たのしそう
ん？
あっ
これって…
1年前に
ワッくんへの
声かけで
教えて
いただいた
方法と
同じですね？
ああ
そうね
ワッくん
当時4歳
今日の給食
何だった？
う〜ん
なんだろう
でしょう？
当時の
くちぐせ

パンだった？ ごはんだった？
パン！
毎日 パンと言う…
パン好き なんだねー
質問に 答えるのが 苦手だった
よしっ うさぎ先生に 教えてもらった のを試そう
今日の給食は パンだった？ ごはんだった？
パンだった！
今日の給食は ごはんだったよ
じゃ〜ん
こんだて
ごはん？
そう ごはん
もう1回
今日の給食 パンだった？ ごはんだった？
ごはんだった！
そうだね〜 今日は ごはん だったね！
おいしかった？
おいしかったー！

あのあと
だんだんと
実際に
食べた方を
答えるように
なって…
ごはんだったー
お～
ごはんだったね～
こんだて
今では
今日の給食
何だった?
えっと～
おにくと～
にんじんと～
じゃがいもと～
お～
にくじゃが
かな?
そうそう
そういうこと
サンちゃんも
最終的に
「晩ごはん
何食べた?」に
答えられるように
したいね
今回は
そんなところ
かな
じゃ
また
1カ月くらい
したら
様子聞かせて
はいっ
ありがとう
ございま…
あ…もう
いない…
これも
久しぶり…

今日の お昼ごはんは ラーメンでーす
がぷっ
カシャンッ
さて サンちゃん 今 食べたのは
ラーメンと さかな どっちだった?
ラーメン? さかな?
さかな でーす
サンちゃん 今 ラーメン 食べたね
ほぅ…
ラーメン 食べた人〜
はーい
はいっ おいしかったね

夕食後…
みかーーーん
うんうん
これ みかん
みたいだけど
「オレンジ」
なんだってー
小さい
「オレンジ」だよ
おいしい〜？
最近
最後4粒は必ず
2粒ずつ
重ねて
食べるのね
すしをつまむかのように…
あーー
さぁ
サンちゃん
ぬぐい
ぬぐい
今食べたの
オレンジだった？
おすしだった？
みかんって
言うかな…
おすしー
おすし
くださいよー

ん
今 食べたのは オレンジ だったよ
オレンジ 食べた人〜
はーい
そうだね オレンジ 食べました
「おれんじ」「お」
おえんじー
そうそう
おいしかったね ごちそうさま でした
ごちほぅ さぁ〜
はーい オッケ〜
手ぇ 洗いに行こ
こりゃあ 大変だ…

16話　全部「ください」！

サンちゃんね…
過去について一切語ろうとしないの…
なんてこった…
俺たちが「ください」をうながし続けたばかりに…？
そう
わたしたちはそれだけをやりすぎたのよ
その結果
「ください」
彼女は今
ことばは「ください」のために存在すると思っている!?
くださいよー
言葉をうながされるとほしいものを聞かれとると思うみたいだわ
それしか聞けてこんかったもんで…
だで2択にすると「食べたい方」もしくは「まだ食べてない方」を選ぶ
なるほど…

わたしも「ください」に囚われすぎとったわ…
この1年使いすぎて
すっかり口癖になってまっとるもんでさぁ
もっといろんな言いまわししてかないかん
「すいかたべたいです」
ってことで語尾を変えてみることにした
それとねぇもう1つ…
?
3語文がねぇ
出づらくなっとる…
例えば「おかあさんすいかください」をうながすと
おかあさんくださいよー
すいかくださいよー
このどっちかでかなりねばる
自発的に言葉が出てくるのがうれしかったもんで
なるべく自分から言わせたいって思ってまったのが…
ちょっといかんかったなぁ～

頭文字だけでうながすことが多くなって…
す
すいかくださいよー
そうそう!
たしかに…2語が出たらオッケーにしちゃってた
これもやりすぎたわ
サンちゃんも2語で返すのに慣れてしまって
これで伝わってるからいいじゃない
いつもこれでくれるじゃん
って思ってんじゃないかな…
ほんと一度学んだことを上書きするのは難しい…
そしてわたしはいつも気づくのが遅い
あきらめずに続けるしかないね
休日の対応期待してまーす
簡単に言ってくれるぜ…

よしっ 今日は 気合い入れて 3語いくぞ〜っ
いざ 決戦の とき〜
めし じゃぞ〜っ
サンちゃん おかわり？
お肉？ お肉 食べたい人〜
はーい
「おかあさん おにく ください」
おにく くださいよー
ん
「おかあさん おにく ください」
おかーさ くださいよー

おかあさん おにく ください
おにーく ぅだいよーー
おかあさん おにく…
おか〜さ くださいよー
言える人〜
はーい
おかあさん…
おにく
おかあ
おかぁ くだはいよー
「おかあさん」「おにく」「ください」
おかあさん おにく くださいっ
おか〜は おに〜○△× んださいよ〜〜
ん⁉
今言えたんじゃない⁉
やったね！
「おかあさん おにく ください」言えたね！
どうぞ！
手強い〜〜〜

すいか くださいよ〜
「すいか たべたいです」って言える人〜
はーい
すいか たべたい です
すいか ください よーー
ふふ…
たべたい です
すいか くださいよー
ぶはっ
ヒャッ ヒャッ ヒャッ
サンちゃん くだたいじゃなくて
たーべたいだよォ〜〜〜っ
ひゃー ひゃっ ひゃっ ひゃっ
バタ バタ

たぁべたいだよ〜 ねえっ
おかあたーん
ケラケラケラケラケラケラ
や
ぷふっ
ワッくんがツボっとる
そうだね
はいっ サンちゃんも〜
「たべたい」っ
も
たべた〜〜いっ
は〜い たべた〜い 言えた言えた
サンちゃんも笑ってるー
や
どうぞー
oo
そうそう 楽しくやらないかんのだった ワッくんナイス〜
え
これ すいか？
すいか だよ
や
すいか なの？
すいかだよっ
や
すいか

LST
絵と音と文字のマッチング

17話　ひらがなとご対面

次はいよいよ文字と結びつけること
りんご
結びつけたいことばの3点セット
文字＋音＋物
文字 りんご
りんご
サンちゃんには一番難しいところだと思うけど
とても重要なスキルだよ
このスキルがあるかないかは
将来収入を得られるかどうかということに直結するからね
今まで「将来」ってリアルに考えられんかったけど
まぁ今もだけど
進路を考えはじめたころからさぁもう小学生になるんだなぁ…
6年あっという間なんだろうなぁ…って思ってさぁ
なるべくサンちゃんのできることを増やしてあげたいと思うようになったんだよねぇ…

身辺のことだけ
じゃなくて…
学習面でも
サンちゃんは
いろんなこと
理解しとるし
思っとることも
いろいろあるよなって…
今
実感しとるし
だで
何もできん子だと
思われるのは
癪だな…って
…いや
本人がどう思うか
わからんけど
別に誰かに
何か言われた
わけでもない
何にせよ 大人に
なったときの
選択肢を
増やせるように
発揮できてない
だけの
能力があるなら
引き出して
あげないかんと
改めて思った…
ていう
ひとりごとですわ
いやいやいや
聞いとるて！
聞いとるけど
アプリ探しとったんだって
おれも

で
文字だけのあったよ
無料の
あ
おう！
こういうの
こういうの！
シンプルで
いいね
色がちょっと
多いけど
こういう
文字だけのが
よかったんよ
知育玩具
いろいろ
見たけど
ボタンに
イラストが
入っとるのが
多くて…
一点集中
サンちゃんの
ばあい
視線が
イラストだけに
行っちゃうと
思うんだよね
文字に
興味を持って
もらいたいから
イラストが
ない方が
いいなぁって…
「あ」が
「あひる」のため
だけのものだと
認識されても
困るし
これは？
あ
あひるのあ

これ明日 試してみるわ ありがとう
タブレットに 入れとこ
えーと… どれだ? アイコン見せて
これ
翌朝
ちょこれーと くださいよー
はーい
CHOCO BAYBAY
わが家には 朝のちょこっと おやつタイムが あります
これを 利用しない 手はない
サンちゃん ちょっと やってほしい ことがあるんだ~
ちょこれーとー くださいよー
うん
サンちゃんの 「さん」が タッチできたら チョコあげるよ
ほら こうやって タッチすると
さ
って 音が出るんだよ

おもしろそう でしょう?
じっ
めっちゃ見とる…
音が出る おもちゃ 好きだもんね
サンちゃんの「さ」を タッチするよ
視線を 確認しながら…
さ
ちゃんと 見とるな 手は 違うとこに 行こうと しとるけど…
くいっ
さ
「さ」 できたね
次は「ん」
すごく よく見とる…
お…?

自分で「ん」に向かって手を動かしてるような…
ん
「ん」もできたね
さん
「さん」だね
サンちゃんの「さん」言ってみて
「さん」
さ〜ん
そうそう！「さん」だね
よくできました〜
チョコゲット〜
ちょこっとね
ちゃんと文字見てたね〜
興味持ってくれてよかった〜
読み上げる声が機械的で棒読みなのが気になるけど
まぁもうちょい使ってみよ

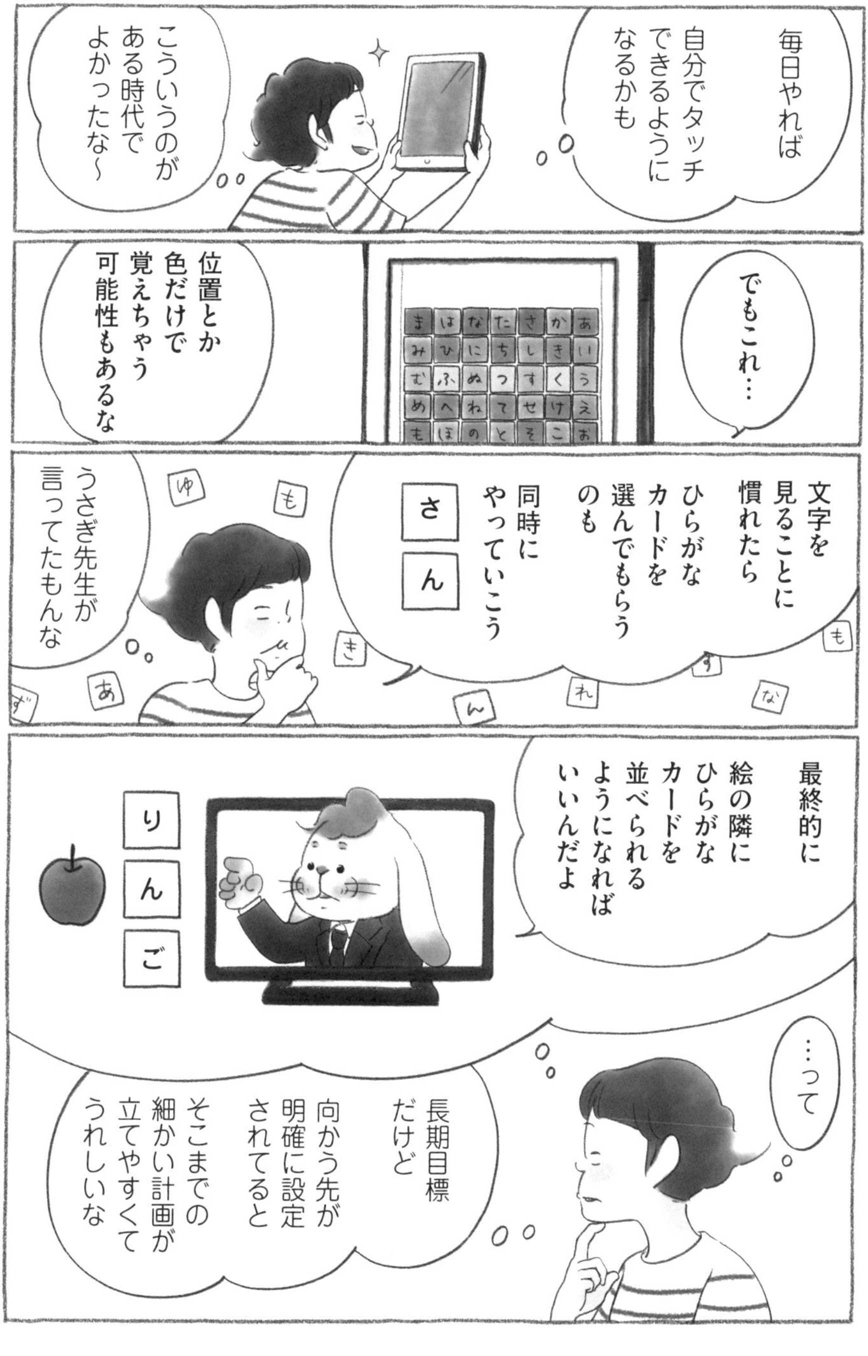
毎日やれば自分でタッチできるようになるかも
こういうのがある時代でよかったな〜
でもこれ…
あいうえお
かきくけこ
さしすせそ
たちつてと
なにぬねの
はひふへほ
まみむめも
位置とか色だけで覚えちゃう可能性もあるな
文字を見ることに慣れたらひらがなカードを選んでもらうのも同時にやっていこう
さん
うさぎ先生が言ってたもんな
最終的に絵の隣にひらがなカードを並べられるようになればいいんだよ
りんご
…って
長期目標だけど向かう先が明確に設定されてるとそこまでの細かい計画が立てやすくてうれしいな

18話　本当に必要だったことは

「文字タッチ」をはじめて5日目
サンちゃんの「さ」押して どこかな？
いつもまず「ん」をタッチしようとする…
「ん」好きなんかな
「さ」だよ
「さ」
さ
そうそう
「ん」
ん
できたーっ 「さん」って言って「さん」
さーん
上手！

「文字タッチ」をはじめて7日目
もう「さん」はわかってると思うから…
これを使おう
うさぎ先生のホームページからダウンロードして
厚めの紙に印刷したひらがなカード
一文字ずつ切り離して…
裏にマグネットを貼ったもの
100円ショップの
マグネットシート シール付
便利
ちまちま
1年前に作って使ってなかったや〜っ
あとは…
とりあえずホワイトボードにマスキングテープを四角く貼って…
ん〜…雑…
見づらいかな…
上からマジックで書いたろ
よし！枠できた！

チョコ食べたい人〜
はーい
ではお勉強しましょう
「ん」を押したがる…
「さ」はこっちの方
「さ」
さ
そうそうオッケー
次は「ん」
ん
できたーっ「さ」「ん」
さん
さーんっ
いいねぇ
上手に言えたね
じゃあ…この中でサンちゃんの「さ」はどれ？
ん
た
さ

！
すごい
そうそう
そうそれ
「さ」だね
おっ
ス…
それは「ん」だね
この四角の中に
「さん」って入れてみよっか
うんうん
「さ」はこっちだよ
左から読むからね
そうそう！
そういうこと！
サンちゃんすごーい！
できた〜っ
「さん」だね

すっごいじゃ～ん！
チョコあげるね～
「さ」はどれ？って聞いたらササッと手を伸ばしたんだよ
ダミーで入れた「た」には触れもせず いつもアプリで先にタッチしようとする「ん」にも行かず
ちゃんと「さ」を取ったんだよ～っ
こうふ～ん。
すっごいよ～～～っ
おぉ――っ
それに
今日はさぁっ
おかーさん おに～△□× くださいよー
言えたね どうぞ――!!
要求するたび3語が早めに出たんだよ～

へぇ〜っ サンちゃん すごい や〜ん
さすが サンちゃんっ
がんばっとる ねーっ
サンちゃんから 3語も 引き出して すごいね〜
がんばってる よね〜
ひらがなも すごい じゃな〜い よくやってるわ おかあさん!
おっ
お疲れ様 ですっ
へっ
たぶん そういうのも だいじ なんですよ わたしには
すご−い!
えらい!
子どもを ほめても ほめても
おかあさんは だれも見とらん ところで がんばっとるで だれにも ほめられん もん
まぁ…ほめられ たいというか… 労《ねぎら》われたい というか… 気づかれたい というか…
ふぅ…
ちょっと 白目むこ…

でも今は
前よりも
楽しんで
できとるな～
って思うよ
2人の
おかげで
1年前
イヤイヤ期やら
トイトレやら
いかないーっ
でたったー
ガビーーン
なんやかんや
大変だった
ワッくんも
ビシッ
かようびの
つぎは～～
すいようびーーっ!
できること
いっぱい
増えて
サンたん
行くよーっ
せわやき
サンちゃんの
お手本に
なってくれる
こともあるし
サンちゃんの
「さん」かいた
お～上手!
サンちゃんに
見せてあげよか

サンちゃんが 1年前から いろんなこと 吸収して
それを今 発揮したり がまんしたりして くれるように なったから
わたしも 取り組み やすく なっとる
聞いて くれるー
1年前の「主導権をとる」っていう作業は
信頼関係を きちんと 築き直すって ことだったんだ よなぁ…
わたしの中で 「母と子の 信頼関係を 築く」って…
とにかく お子さんを 抱きしめて あげましょう!!
それが基本!!
愛をいっぱい あたえてあげましょう
みたいな イメージで…
愛情が 足りないと 言われても 仕方がない
かな…
だって…

わたしには
ああいうのが
できんから…
ぎゅう
かわいい
ね〜
ぐりぐり
サニちゃん
かわいいっ
かわいいけども
スキンシップ苦手
あれが愛なら
わたしには愛が
ないのかも…
抱っこするのは
嫌じゃない
けども
自分から
ベタベタするのは
ちょっと…
でもさぁ…
嫌々スキンシップ
されても
嫌じゃない…？
なんて考えだで
いかんのかな…
ずっと
そんなことを
思ってたんだけど
トレーニングを
はじめてから…
サンちゃーん
そこの
ボール
持ってきて〜
お手伝いとか
言葉を
うながすとか
そういう
小さなことで
単純に
サンちゃんと
かかわる回数が
増えて
その結果
ちゃんと
信頼関係が
できた…
と思う
そして自然と
スキンシップも
増えた…

ハイタッチだけでもふれあいになるし…
あれはわたしのおまじないになっとるんだよなぁ…
サンちゃんできるよ！
って言うとなんとなく自分にも自信がわいて
ふしぎとサンちゃんも
それに応えてくれる
おぬしはいま「サンならできる」としんじておるのだな
ではサンもおぬしのいうことをしんじようではないか
的なことを思っとるんだろうか…
そっか…
それまでは真逆だったな

サンちゃん そろそろ 行くよー
ぼふっ
あーまた… もう出てく 時間なのに…
今日も 起きて くれんの だろう なぁ…
あぁ 言っても こう 言っても ダメ なんだろう なぁ〜〜
嫌だ なぁ〜〜
とにかく 不安で いっぱいで
それを 怒りに 変換してた
やっぱり ほらもう 時間ないっ 起きて！ サン！
サンッ
でろ〜ん…
もっと
自分に 自信持たな いかんの だろうなって 思っとった けど…
それ以上に
「サンちゃんは できる」って 強く信じなきゃ いけなかったの かもしれない

ぐっすり

LST
ひらがな並べ

19話　いろいろないろ

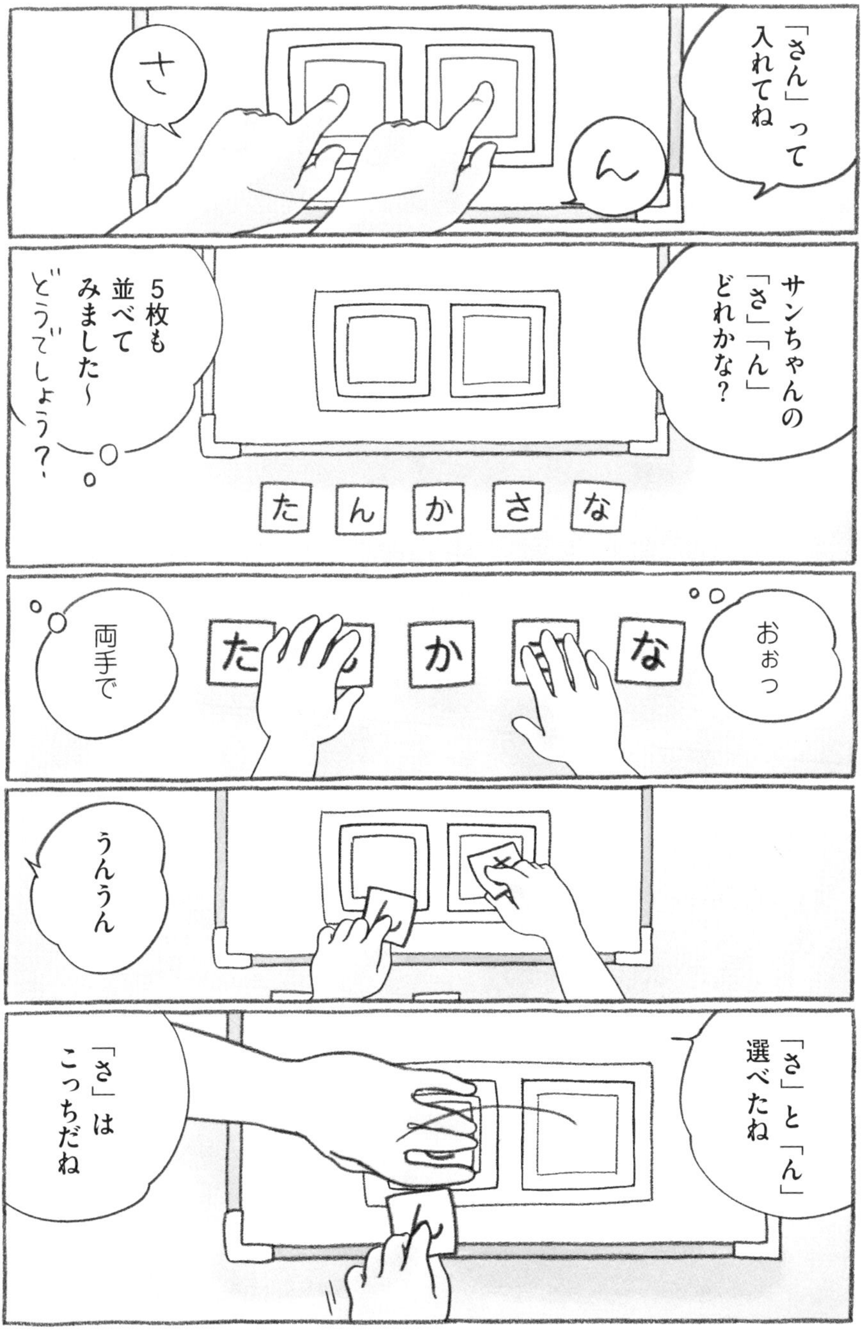
「さん」って入れてね
ん
さ
サンちゃんの「さ」「ん」どれかな?
5枚も並べてみました〜どうでしょう?
たんかさな
おぉっ
両手で
うんうん
「さ」と「ん」選べたね
「さ」はこっちだね

そうそうそう
できた〜っ
すごーい！
スッ
これは完全に覚えとる
左から読むっていうのはくり返し練習だな
ていうか
お菓子がもらえるとはいえ…
ここまでちゃんと取り組めるとは…
途中で投げ出すことも
怒ることもなく
最後までちゃんと座って
学習してるっていう
その姿がステキ…！

再チャレンジ1カ月目報告
ほー
名前はオッケーだねぇ
はいっ
療育園でも毎日のように見てきた文字なので
ちゃんと覚えてたみたいです
あいうえお表でも
サンちゃんの「さ」どこ？
さーっ
正解！
「ん」は？
んーっ
すごいっ
指さしできて…
わかってるんだなぁ〜ってことが実感できて
すごくうれしいです

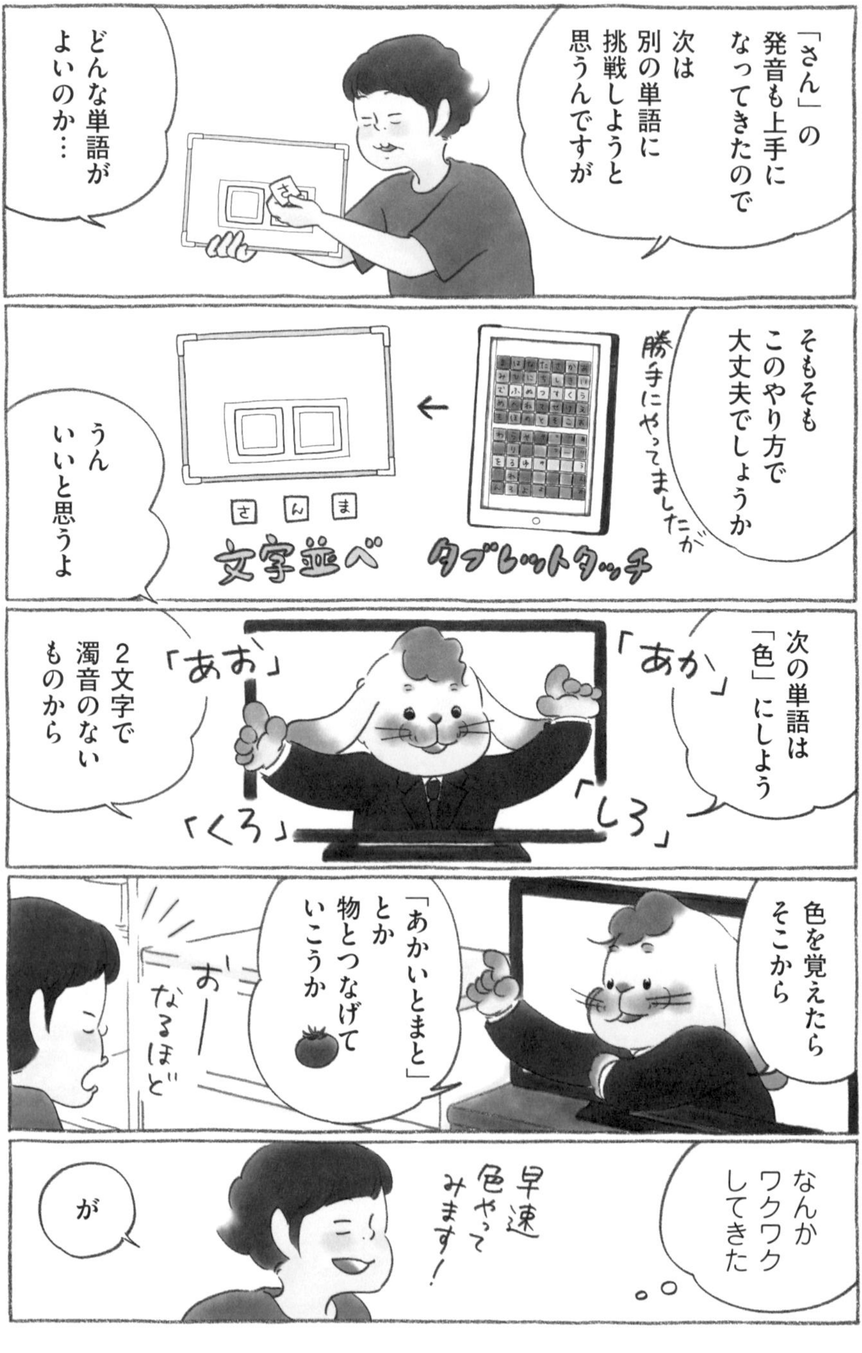
「さん」の発音も上手になってきたので次は別の単語に挑戦しようと思うんですが
どんな単語がよいのか…
そもそもこのやり方で大丈夫でしょうか
勝手にやってましたが
タブレットタッチ
文字並べ
さんま
うん いいと思うよ
次の単語は「色」にしよう
「あか」
「あお」
「しろ」
「くろ」
2文字で濁音のないものから
色を覚えたらそこから
「あかいとまと」とか物とつなげていこうか
おー
なるほど
なんかワクワクしてきた
早速色やってみます！
が

話す言葉の方は
まだまだ「ください」が手強いです…
うんうん
今やってるように
「ください」に反応しないで
とにかく別の言葉をうながしていけばいいと思うよ
要求語
「あけて」
「とって」
「かして」
「ちょうだい」
要求語をどんどん引き出していこう
要求語が適切に使えるようになってきたら
Q
A
質問に答える練習も進めていけると思うんだけど
「今日何食べた?」みたいな質問は今はまだ「ほぼ1択の2択」でいいよ
難しいと答えること自体がストレスになっちゃうから
はいっ
はいっ

あと…「もっと〇〇ください」みたいな3語が何回かうながせば出るようになってきたものの
「2語で伝わってるからいいじゃん」という雰囲気がサンちゃんからにじみ出てます…
それはズバリ
今までより難しいことをしてるのにごほうびが今までと同じだからだね
自分に置き換えて想像してみてよ
仕事量が2倍3倍になったのに
はいっ はいっ
…
BANK
収入が増えなかったとしたら…嫌でしょう?
んあ〜
嫌っす!
ね
お給料もらえなきゃ働く気にならないのは
子どもも同じだよ
めちゃくちゃわかりやすい
メモ メモ

とりあえず…
3語は出づらいから
3語
○○もっとください
○○いっぱいください
2語
○○ほしいです
○○たべたいです
口癖になっとる「ください」を含めて3語にしちゃう
ふむふむ
「〜です」とか「ください」以外の別の言い方をうながす時は
2語でいい…ってことで
これでやってみるわ
貼っとくね
その夜
えっとー…
何だっけ
チラリ
サンちゃん
「からあげほしいです」
からあげくださいよー
ほしいです
ほしいえーす
お〜いいね〜
やっぱ慣れんとうながす言葉がとっさに出てこんからな
貼ってよかったな

今日は色の名前をお勉強しよーう
ワッくんに見本になってもらうのもいいね
この色は何色ですか？
あお？
あお―
そうですあおです
「あお」って入れてみよう
一番右にあるのをとりあえず手に取るよね…
お
き
「あ」はこっちね
お
き
「お」はどれ？
そうそうそれ！
左側の取った…ちゃんと選べとるわ
「あお」できた～っ

再チャレンジ2カ月目報告
「あお」「あか」「しろ」「くろ」の文字タッチとカード並べを
順番にやっていったんですが
久しぶりに「さん」をやってみたら
右から入れるのは変わらないけど
直して完成させるのが早くなっていて
さん
さ
ん
そうそうっ
指さし上手ね
「あお」「あか」も
何日か間を空けてやってみたら
あ
ろ
し
か
たしかに覚えてる様子で手が動いていたので
新しい単語をやりつつたまに戻して
月 くろ
火 くろ
水 くろ
木 あか
金 しろ
土 しろ
日 しろ
月 あお
覚えてるか試してみたりしてます

という感じなんですが
2文字の色の次は2文字の物や生き物がよいのかもっと色を増やした方がよいか…
「あかいとまと」みたいに物とつなげていくにはこのあとどうしたらよいでしょう…?
うむ
色も少しずつ増やしつつ…次は色とつながる2～3文字の物にしようか
たとえば「しろ」+「くつ」「あか」+「とまと」
ここから「しろいくつ」「あかいとまと」を目指そう助詞がないからクリアしやすいかも
助詞って「～が」とか「～を」とかか…
たしかに「とまとはあかい」より簡単に言えそう…
色と物の組み合わせ
あか
きいろ
あお
いろいろ考えてみよう

LST
お絵かきと言葉のトレーニング

20話　サンちゃんのお絵かき帳

え!!
ライオン!?
めちゃくちゃ上手やん!!
でしょうっ
うまいよねぇ
これはすごい…
おれ絵心ないから
尊敬するわ…
あのコーナーにこんな効果があるとはねぇ〜〜〜
びっくり
それはサンちゃんの大好きなテレビ番組ではじまった
お絵かきコーナー
今日は小さい丸からスタート!
お兄さんお姉さんが
お題の「形」を使って絵を描くというもの

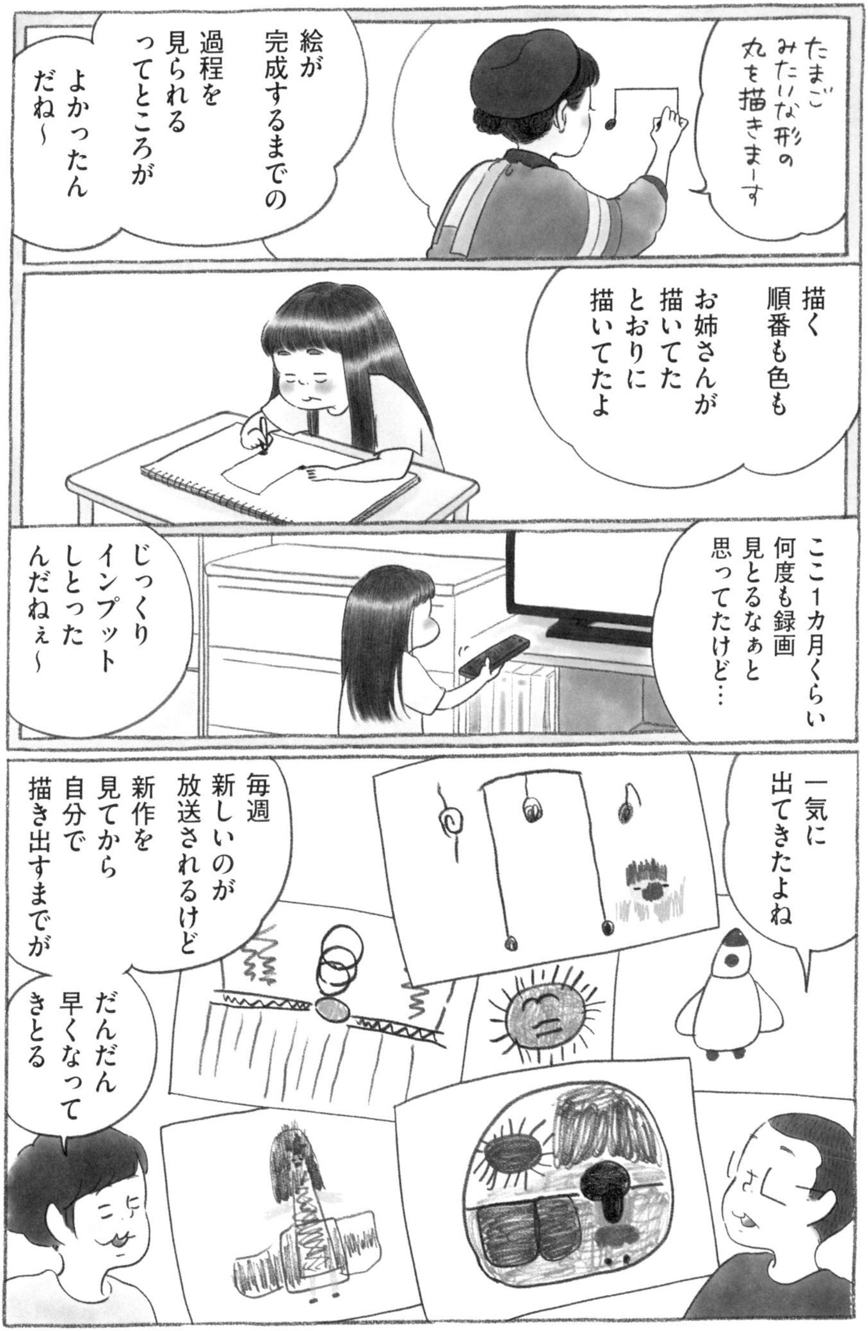

たまごみたいな形の丸を描きまーす
絵が完成するまでの過程を見られるってところがよかったんだね〜
描く順番も色もお姉さんが描いてたとおりに描いてたよ
ここ1カ月くらい何度も録画見とるなぁと思ってたけど…
じっくりインプットしとったんだねぇ〜
一気に出てきたよね
毎週新しいのが放送されるけど新作を見てから自分で描き出すまでが
だんだん早くなってきとる

いや〜でも何がすごいって
録画を見ながらマネするんじゃなくて
頭の中にある絵を紙に出してるんだよねぇ…？
そうなのよスゴイよね〜
お姉さんたちが描きながら喋っとった言葉もたまに言っとるから
あれじゃない？
「長めの絵描き歌」
みたいな感じなんじゃない？
これ何だと思う〜？
おたまじゃくし〜？
あ〜おし〜い。
おたまじゃくしにも見えるけど…
もうちょっと描くから見ててね〜
てかお母さんも…
ようそんな覚えとるね
サニちゃんが何回も見るもんで…頭に入ってまったな
再生中〜

再チャレンジ3カ月目報告
ちゃんとライオンに見えるように描けてるじゃん
ガオー
これはよく見ることができないと描けないよね
じぃーーーっ
人とのかかわりが増えると「よく見る」もよくできるようになるんだよ
ほぉ
言葉のトレーニングもいい影響与えてんのかな?
なんかうれしいな
言葉の習得は波があるから簡単ではないんだけど…
「ねんどください」は教えてないんでしょ?
はい
「ねんどください」って言ってとうながしたこともなくて…
突然出ました
それってすごいよねぇ

あと
放課後
デイサービスの
スタッフの方が
「さようなら」
って言ったら
「バイバーイ」って
手だけじゃなく
言葉も…
ん？
「さようなら」に
対して
「バイバイ」って
言ったの？
え
えーーと…？
さようなら
バイバーイ
このばあい
「さようなら」や
「バイバイ」
という言葉を
「お別れの
あいさつ」として
認識できてるな
と思ってさ
あ〜〜〜
なるほ…
いや…
基本的に
うながされて
くり返しで
言ってる印象が
強いので
そこまでの
認識は…
ないのでは…

いつも帰宅時…
ただいまーサンちゃん
「た」
たらいまー
ただいまー！
ワックんは「おかえり」でしょ
うーん
これだと「おかえり」に対して「ただいま」と返すっていう
キャッチボールになってないよね
まずはワックんを入れずにおかあさんとサンちゃんの2人でやりとりしよう
おかえり
ただいま
あいさつはキャッチボール
あっそうか
いっしょに帰ってきてもわたしは「おかえり」って言って
出迎える役をするんですね
了解です！

ひらがなのトレーニングは絵カードを使って
きうい
れもん
みかん
なす
食べ物を中心にやってます
2～3日動物でやってみたら
きりん…
見とらんな
興味な～し～
明らかに反応が悪くなったので
食べ物に戻して…
濁点が入るけどやってみるか
音はわかっとるし
いちご
「いちご」って並べてね
いちごっ いちごっ
いちご
くるっ
あ カンニング!
裏にひらがな書いてあるのよくわかってんねぇ
早っ!

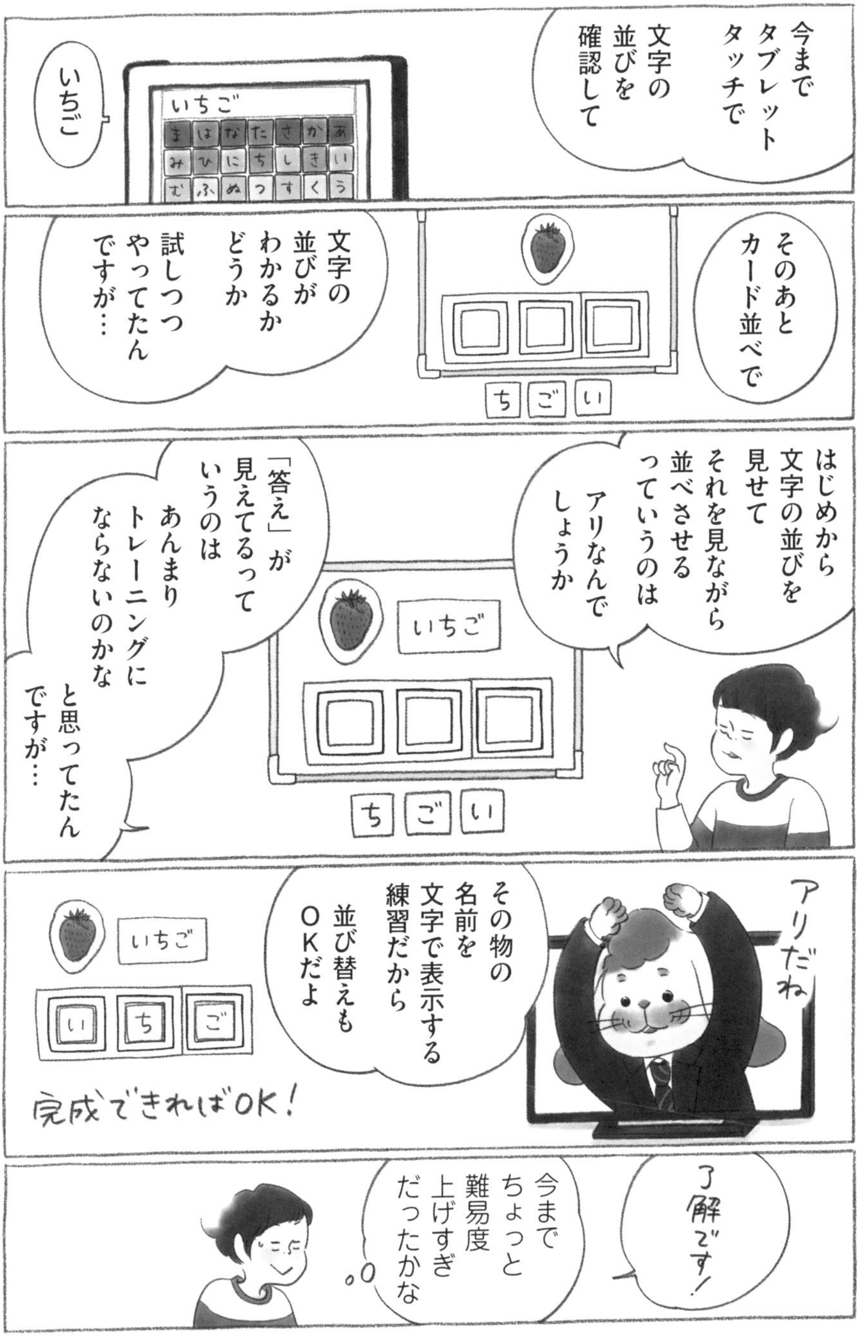
今まで
タブレット
タッチで
文字の
並びを
確認して
いちご
いちご
そのあと
カード並べで
文字の
並びが
わかるか
どうか
試しつつ
やってたん
ですが…
ち ご い
はじめから
文字の並びを
見せて
それを見ながら
並べさせる
っていうのは
アリなんで
しょうか
「答え」が
見えてるって
いうのは
あんまり
トレーニングに
ならないのかな
と思ってたん
ですが…
いちご
ち ご い
アリだね
その物の
名前を
文字で表示する
練習だから
並び替えも
OKだよ
いちご
い ち ご
完成できればOK!
了解です!
今まで
ちょっと
難易度
上げすぎ
だったかな

それから今進めてる「あか―とまと」「きいろ―れもん」っていうのを
「みかん―ほしい」「あいす―ください」というように展開していけるといいね
要求語は文字数が増えるし濁音・促音が入るものもあるから
・ください
・ちょうだい
・とって
1文字ずつカードで並べるんじゃなくて
プレートを作って
それを使えればOK！
でいいと思うよ
ください
ちょうだい
とって
ほぅ
早速作ろう
こういうのを覚えられたら
音声言語がすぐに出なくても
自分の意思を伝えられるようになるよね
ください
とって
みせて
うぉー
それはうれしい
とってほしいのね

翌朝
サンちゃん おかあさんが「いってらっしゃい」って言ったら
「いってきます」って言ってね
いってらっしゃい
いってきます
サンちゃん
いってきます
いってきます
「いってきます」「い」って言ったげて
あぁ…いってきます
い
い
いってー!! ます
はーい いってらっしゃい！
いってやっしゃーーい!!

帰宅時
ササッ
サンちゃん おかえり
おかえぃー
うんうん
おかあさんが「おかえり」って言ったら
サンちゃんは「ただいま」って言うんだよ
おかえり
おかえぃ
た
「ただいま」
た
たらいまー
そうそう 言えたね
おうち 帰ってきたら「ただいま」ね
たらいまっ
あ
ワックんにも「ただいま」
たらいま
サンたーん! ねぇ! もぐらさん!!
ワックんは「おかえり」だよ
おかえりーっ

休日
寒くなってきたでね～サンちゃんの上着さがすよ～
いいね～っ
カシャ
カシャ
かわいいいね～っ
カシャ
カシャ
ご試着は2点までとさせて頂きます
カシャ
カシャ
どこで覚えたのそんなポーズ…！次から次へと…！
かわいいね～
気に入ったみたいだね
ちょっと失礼
チラリ
おかあさんも気に入った！買いましょう!!
かわいいもんね!!
なにかいてたの
かわいいお値段が書いてあったみたいね

いいの買えてよかったね
ちゃんと着てくれるといいけど…
といえーくださいよー
えっ
ケケケケケケケ
え?? なんかめっちゃ笑っとるけど…!?
トイレ行くの?? トイレ行きたい人〜?
はーい
行こうっ!!
いや〜サンちゃんえらかったねぇ トイレ教えてくれてありがとうね
スゴイわぁ〜〜っ
焦ってほめるの遅れちゃったよー

再チャレンジ
4カ月目報告
くり返し
カード並べをしている
食べ物の名前は
文字を見せるだけでも
とまと
とまと
答えられることが増えて…
文字の並びを見なくてもカードを並べられるようになってきました
ばなな
早くなったね
「質問して答える」っていう対話のかたちになってきてるから
1往復じゃなくて
3往復を目指していこう
お～う
3往復…
機嫌がいいときなら割とできると思うよ

えーと…
たとえば…
これ
何て読む?
りんご
りんご
1往復
りんごは
何色?
あか
2往復
「あかいりんご」
って言ってみて
あかい
りんご
3往復
こんな…?
言葉を
出させる質問を
3つ続ける
ということで
しょうか
うん
ミラ
会話で
ほめられる
ようになると
話が続くように
なるよ
そのためにも
語彙を
増やしたい
だから言葉を
省略しないで
文章になる
話し方で
声かけしてね

これ何て読む？
ばなな
だなな
ばななはあか？きいろ？
きいろ
あか
「ばなな」って並べてね
きいろ
ば
な
な
ちゃんと最後まで座って取り組んでてえらいなぁ…
答えのカードと手元を交互に見ながら並べてる姿とか…すごくいい…
お勉強してるなぁ～って感じで…
すごいな～
えらいな～
かしこいな～
かわいいな～
そうここを…うんうんそうそう
う～ん
もうちょっとテンポよくやってほしいな

うわっ
体伸びてますよ!?
テレビが遠いんだもん
出られないし
ちょっとトレーニングの進め方がのろのろになってる感じがするねぇ 1問に時間がかかってるというか…
あちゃ〜
いらんこと考えとったらいかんな…
テンポよくやった方がいい反応が引き出せるよ
5分間にいくつできるか…の方がいいかもね
やってみます!
気を引きしめてがんばろう

LST
テンポよく

22話　たなかサンちゃん

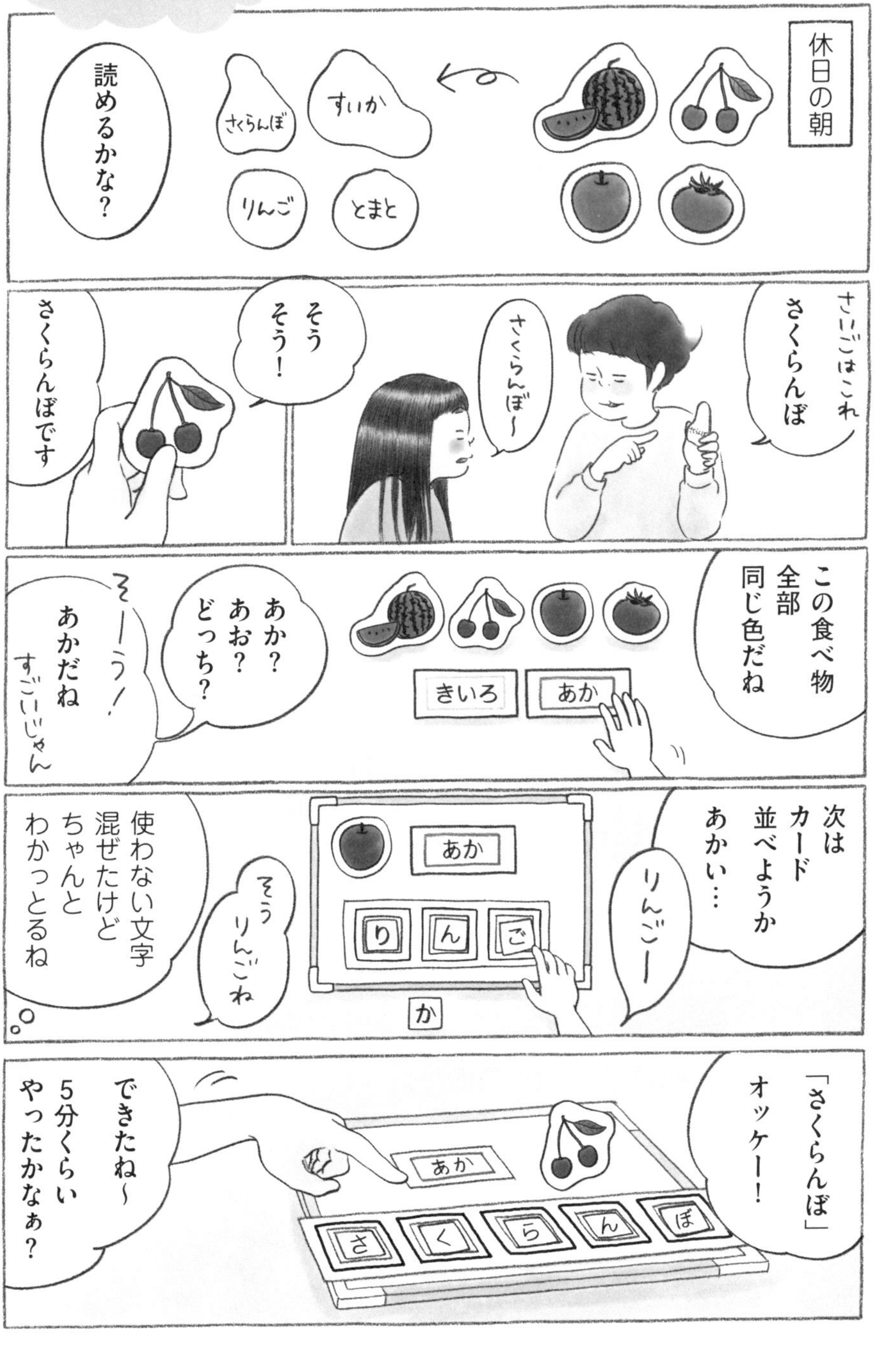

えっ
あれっ？まだ3分？
10時に始めたやんね？
どうしよ
じゃあ…タブレット使おか
最近あんま使っとらんで
「あ」「か」「い」「と」「ま」「と」
ね〜!!!
さくらんぼもやってみよか
オッケ〜がんばったね〜
おかしゲット〜
結局7分くらいになったな
とまとの読みすいかの読み…って細かく数えたら…
9 10 11…
13!?
13個も答えた…!?
いや〜
こんなに集中してできるようになってたとは…
内容もっとちゃんと考えよ…

冬休み中のサンちゃん
お正月ちょっと休んでたけど今日からまたお勉強しよう
久しぶりだから…サンちゃんの名前にしよか
サンちゃんの名前は
たなか　さん
さーん
たなか
た
たなかさーん
そうそう！すごーい！
はじめて名前全部言えたね～っ
カードもやってみて
なんと!!
ヒントもなしで！完ペキじゃん！
た
な
か
ん

最近のサンちゃんすごくない？
「〜ください」って自分から言うこと増えたよねぇ
うんうん
増えとるねー
毎朝お父さんにコーヒーくださいよーって言っとるよね
こう…目の前にない物の名前が出るようになったのがすごいな〜って…
きうぃーくださいよー
キウイ？いいよーあるよー
食後のデザートの希望とか
この前「ヤクルトンください」って言ったし
ヤクルトン
乳酸菌飲料
あとあれだ！この前散歩に行ったとき…
はんばーだーくださいよー

あれは「ハンバーガーショップに行きたいよー」の意だよね
食べたいのはポテト
あれ久しぶりの散歩だったでさぁいっしょに歩いてくれるか心配だったけど
1人であっちこっち行くこともなくちゃ〜んと手つないで歩けたよね〜
あ！あとこの前おとうさんのスマホで歌流して聴いとったやん
ミックスジュ〜ス
ミックスジュ〜〜ス
あーなかなかスマホ返してくれんかったやつ
あの次の日
わたしのスマホ持ってきて「ミックスジュースくださいよ〜」って言ってきたに
えースゴイな

あれも
かわいかったよ
「キャラクター大集合」のDVD持ってきたの
だいじゅうぶー
くださいよーー
DVDに指紋つきまくりだったけどね
これなんて傷ついちゃって
途中で映像飛ぶし
そうなんよそれよく見るもんで
ボロボロ…
でもさぁ
出る言葉は「くださいよ」だけど
要求の種類が増えとるし
今まで黙って物を探して見つからんとあきらめる姿をよく見たけど
?何探しとる?
何探してたのー??
何探しとるか教えてくれるようになってきて
くれよんくださいよー
そうやって自分から伝えてくれるっていうことが
すごくうれしい

再チャレンジ6カ月目報告
サンちゃん名前言えたんだねぇ
すごいよねー
要求語も増えてるし
サンちゃんは文字を単語で意識させて
こんにちは
こんにちは
それを音声化していけばもっとすごく伸びるんじゃないかな
次は「あいさつ」を入れていこうか
ん？
あれ？
これ逆だと思ってました
こんにちは
音で覚えたものを
こんにちは
文字に置き換えていくんだと…
うんうん
両方ってこと
あ ⟷ あ
音から文字 文字から音
つまり耳からと目から
どっちもやっていくことで
相互作用でどっちも入っていくんじゃないかな
ほぉ

あのーー
2択は
毎日やってても
やっぱり
難しいなぁーと…
何回かきいて
やっと答えが
出たり
出なかったり
どっちの色?、とか
どっち食べた?、とか
んー
そうだね…
半分は
必ず
ハズレるわけで
リスクが
高いからね
成功率が
上がることを
やった方が
いいかな
学校での
できごとを
簡単な文章にして
言う練習を
はじめたって
言ってたでしょ?
はい
「ボールなげしました」とか
それ
いいよね
それを
3〜4往復の
会話にして
いって…
図工しました
ずこう
しました
だるまの色
塗りました
だるまのいろ
ぬりました
何色に塗った?
赤? 青?
ここでなら
色カードで
2〜3択は
できるかもね

サンちゃん
おかえり
たらいまー
体操服・ズボン
せっ
せっ
せっ
タオル・袋
せっ
洗い物の仕分け　完ペキ☆
結局 この冬 家では常に 半袖 半ズボン だね…
くいっ
くいっ
寒ないんか
モコ
モコ
わし フリース 着とるのに…
今日は図工したんだね
ずこうしました
ずこーしましたっ
いちごかきました
いちご〜〜きました
はっぱもかきました
はっぱーぁきました
おぉ〜
すごーいっ
れんらく

さくらんぼの葉っぱはきいろ？みどり？
みどりー
おぉーーっ
そう！葉っぱはみどり
みどり
はっぱぁみどい
あらすごい
そうです〜
じゃあさくらんぼの実はくろ？あか？
あかー
と言いつつ黒に手が伸びてますが…
かえす
おおっ!?
ありがとうございます
ならべる
ほぉー

これは?
10
じゅう
そうです～
じゃあ…
あか
あかー
さくら～ん
じゅ…
!!
わー
すごーい
言って
くれたのーっ
「あかい
さくらんぼが
じゅう」だね
くいっ
ん?
おかあさんも
いっしょに
やればいい?
はいっ
あか
さくあんぼ
じゅう
すごーーい

チョコレート ほしい人〜〜！
「はーい」のマークどっち!?
○か×か
はーい
よいしょーっ
ちょーこスーとー くだはいよーっ
せいか〜い！ すごかった〜 サンちゃん がんばったね〜！
チョコどうぞ
ピリッ
あれ いない
どうし…
お〜 ゴミ捨てに 行って くれたんかー
ありがとーーう
なんて いい子なの！
すごいなぁ
色カードとか 作ってみて よかったな

3枚のカードを並べて
き
きいろ
ぷ
ぷいいん
きいろ
7
いっしょに指さししながら言う練習をして
5日後には
サッ
サッ
サッ
自分から指さししはじめて
その2日後には
きいろいきつねがさん
きいろぃきつねぁさん!
覚えるの早かったな〜
これ数字を読み上げた流れでそのまま3語目に数を入れてたけど…
「ください」とか「たべたい」とか要求語に変えてみよう…
「あかいさくらんぼたべたい」とか

うん
その方が
いいね！
うおっ
いつの間にっ
いい感じで
進んでるね〜
あ
サンちゃーん
こんにちは！
ライフスキル
トレーニングを
再開してから
あっという間に
半年…
こんいちあっ
次は
どんなことが
できるように
なるのか
ターッチ！
楽しみ
だなぁ

うまくいくこと
ばかりじゃ
ないけれど
今日は
学校だから
長袖着るのっ
ワー
キャー
ピー
エラー！
ワッくん動くと
体温測れんの
だって
とまって
ワー
キャー
ピピピピピ…
はいオッケー
ダダ
ワッくんここ
おもちゃ
ほかりっぱなし!!
ギャアギャア
ギャアギャア
はいっ
ズボン
はいてっ
はい次っ
はいっ
はいっ
はいっ
たははは
娘さん
急に
ごきげん
ドタ
ドタ
ドタ
キャ
キャ
キャ
お父さん
サンちゃんの
体温
測っといて
サンちゃん
とまって
なんやかんや
36.4…と
サンちゃん
着替え
できたね～
えらい
えらい
大きく
変わるわけじゃ
ないかも
しれないけど

ある日 ふわっと
サンちゃーん
サンちゃん
いってらっしゃい
……
いってい まーーふ
お〜っ
上手に言えたね！
何かが起こる かもしれないから
「いってらっしゃい」に「いってきます」って返せたよ〜
初〜っ
お〜！っ
すごいじゃ〜ん

今日も
1日
がんばろう
いってらっしゃーい
いってきまーす
いってらっさーいっ

あとがき

以前にたなかれもんさんが描かれた本のお手伝いをさせていただいたときには、まだサンちゃんを見たこともなく、本の内容チェックが中心でした。その本を通して、たなかさんがもっとサンちゃんに自分たちが実践できることをしてみたかったこと、今からでもできることがあるのならやってみたいと思っているということを知りました。

本書は、そののち私が直接やメール、オンラインなどでサンちゃんに会い、ときに戦ったり、たなかさん夫妻の相談に乗ったりという流れの中で、たなかさん家族がサンちゃんにどう対応し、それによってサンちゃんがどのように変わっていったかについてまとめたものです。

自閉症スペクトラム障害、通称「自閉症」という言葉の持つ重みは、それを告げられた当事者や家族にしかわからないかもしれませんが、診断を出されて、すぐに何とかできるという気持ちを奮い立たせてくれる言葉ではないと感じています。

医師になってから46年目に入りましたが、実際には自閉症という診断を出すことよりも、子どもの行動を観察し、生活の様子を聞いて、何ができるかをいっしょに考えることの方が大切であると考えています。しかし発達支援の通所や相談、園や学校での配慮、加配、さらには特別児童手当の申請や障害者手帳の取得など、生活上のサービスを受けるためには診断が前提になる現状があります。

対応の仕方を解説した本もたくさん刊行されていますし、療育（最近はビジネス的に使われることも多いので、私自身は介入という表現をすることが増えてきていますが）についても、ＡＢＡ（Applied Behavior Analysis：応用行動分析）やさまざまな手法が用いられています。わが国では基本的に発達検査などの評価は個々に行うものの、その対応は個別ではなく小集団で行うことが多く、どのようなプログラムで行うかについても支援の内容はさまざまです。たとえばＡＢＡが有効であるからといって、ＡＢＡを謳っているところならばすべて大丈夫かと言えば、そもそもＡＢＡの手法はさまざまあり、その言葉だけで内容や質が保証されるものではありません。また通所受給者証を用いてサービスを利用することが一般的ではありますが、個別療育を行っている場合には、自費で高額になる場合もあります。また、個別療育を利用できる地域も限られます。

本書は、このような支援の現状の中で、自分にできることは何かを考え、サンちゃんの行動を観察し、たなかさん家族に試していただいた記録です。自閉症を抱えた子どもが１００人いれば、抱えている困難もそれぞれで違いますし、それぞれにできるだけ合った対応を考えるので、ワンパターンにはなりません。

今回ごらんいただいたサンちゃんへの対応は、あくまでサンちゃんに対してのものであり、どの子にも使えるとは限りません。しかし、本の中では「なぜそれをするか」については、その理由をなるべく明確にしてきたつもりですので、ほかの子どもたちにも応用できる部分はあると思います。なお本書ではＡＢＡ以外の手法も多く用いています。

70歳になり、私にとっての残り時間は少なくなりつつありますが、自閉症という言葉の持つブラックイメージに落ち込むのではなく、できることをひとつでも積み重ねていくお手伝いがもう少し続けられたらと考えています。

２０２１年11月

Rabbit Developmental Research　平岩幹男

役に立つ本

『自閉症・発達障害を疑われたとき・疑ったとき』
平岩幹男、合同出版、2015年

『イラストでわかる発達が気になる子のライフスキルトレーニング』
平岩幹男、合同出版、2018年

『読むトレGO！　スモールステップ読む練習帳』
平岩幹男、合同出版、2020年

『ワークつき　子どものつまずきからわかる　算数の教え方』
澳塩渚、平岩幹男（監修）、合同出版、2021年

『つま先立ちのサンちゃん』
たなかれもん、平岩幹男（監修）、扶桑社、2019年

たなかれもんのあとがき

すぺしゃる サンくす!
Special Thanks to
平岩幹男 先生
合同出版 坂上美樹 さま
副島春乃 さま
組版 合同出版制作室
のみなさま
装丁 tobufune さま
cakes 榎本さま
はなちゃんママ
家族のみんな
読者のみなさま☆

この本の製作に携わって頂いた
すべての方と、いつもわたしたち
家族を支えてくださっている
みなさまに感謝申し上げます!
たなかれもん

●著者
たなかれもん
1985年生まれ。エッセイ漫画家。
夫、長女のサンちゃん、長男のワッくんとの４人家族。
自閉スペクトラム症をもつ娘、サンちゃんを中心にした家族のエッセイ漫画を執筆している。
著書に『つま先立ちのサンちゃん』（扶桑社、2019年）

●監修者
平岩幹男（うさぎ先生）
医学博士。大学病院や地域保健センターなどを経てRabbit Developmental Research開設。さまざまな方法で発達障害を抱えた子どもたちのサポートをしている。YouTuber。
YouTubeチャンネル「うさぎ１号」はコチラ ➡

組版　合同出版制作室
装幀　小口翔平＋加瀬梓＋阿部早紀子（tobufune）

自閉っ子サンちゃんのライフスキルトレーニング
ハイタッチから広がるコミュニケーションの世界！

2021 年 11 月 30 日　第 1 刷発行

著　　者　たなかれもん
監 修 者　平岩幹男
発 行 者　坂上美樹
発 行 所　合同出版株式会社
東京都小金井市関野町 1-6-10
郵便番号　184-0001
電話　042-401-2930
振替　00180-9-65422
ホームページ　https://www.godo-shuppan.co.jp/
印刷・製本　恵友印刷株式会社

■刊行図書リストを無料進呈いたします。
■落丁乱丁の際はお取り換えいたします。

ISBN978-4-7726-1478-8　NDC378　148 × 210